Jonas Ley

Korea und ich ...

나와 한국

Lesehäppchen

aus dem Land der Morgenfrische

고요한 아침의
나라에는 작고
아기자기한
것들이 많습 니다

Edition Peperkorn

Ich danke

Ingrid Witzig und Iris Kammerer für die Durchsicht des Manuskriptes und wertvolle Anregungen,

Hee-Seon Kim für ihre Mitarbeit,

Young-Ja Beckers-Kim für ihre Vermittlung und ihre Ermunterungen.

Druck: Hubert & Co., Göttingen
Printed in Germany

ISBN 3-929181-48-7

목차 Inhalt

서문 Einleitung

Es ist nicht übertrieben, wenn es heißt, daß jemand nach einer Woche in Korea bereits ein ganzes Buch über seine Erlebnisse schreiben könnte. Aber man sagt auch, daß einer, der einen ganzen Monat hier war, nur noch einige Seiten zu Papier bringen wird. Und jemand, der über ein Jahr in Korea gewohnt hat, schreibt gar nichts mehr über dieses Land. Ich muß mich also beeilen, denn in der Tat ist es so, daß ich den größten Teil dieses Buches in den ersten Wochen meines Hierseins festhielt und mich nun bereits ein wenig anstrengen muß, mir weiterhin die Fähigkeit zum Staunen zu erhalten.

Wie gesagt, dieses Buch entstand überwiegend in der Anfangszeit meines Aufenthaltes in Korea, daher erwarten Sie bitte kein Sachbuch. Statt dessen können Sie an meinen Alltagserlebnissen teilhaben, die ich in die Form kleiner, leichtverdaulicher Häppchen gebracht habe. Damit habe ich sinngemäß dasselbe getan, was jede koreanische Köchin mit dem Essen tut: Sie zerschnippelt eine Vielzahl von Gemüse, Wurzeln, Obst, Fleisch und Meeresfrüchten, vermengt es mit Gewürzen und stellt es in kleinen Schälchen frisch auf den Tisch. Der Gast kann sich mit den Stäbchen heraus picken, worauf er Appetit hat. Auf die gleiche Weise können Sie dieses Buch lesen. Die Personen lernen Sie dabei allerdings nur kennen, wenn Sie brav alle Schälchen aufessen.

Alle Personen sind frei erfunden, na ja, fast alle. Hee-Seon Kim, meine Assistentin, gibt es wirklich. Und Mr. T.H. Kim, der sich gerne ‚Michael' nennt, gibt es auch. Diese beiden haben mir ihre Erlaubnis gegeben, ihre tatsächlichen Namen zu verwenden. Herrn Mileke hingegen gibt es nicht. Ich brauchte ihn, um ihm die eine oder andere etwas weniger schöne Seite von Deutschen, die in Korea leben, anhängen zu können. Gerne gebe ich zu, bei lebenden Personen Anleihen gemacht zu haben, denn meine Phantasie wäre überfordert gewesen, wenn ich mir alle Charaktere und alle Geschehnisse hätte ausdenken müssen. Aber letztlich ist nur eine einzige Person einigermaßen treffend beschrieben, und die bin ich selbst.

Da wir nun bei mir sind, darf ich endlich ausschweifend über mich reden (Ungeduldige dürfen schon mal mit dem ersten Häppchen anfangen, denn jetzt kommt ein Monolog): Derzeit bin ich bei einem kleinen Zulieferer der Automobilindustrie (600 Mitarbeiter) für die Qualitätssicherung zuständig. Unser Werk stellt Teile für koreanische Automobilfirmen wie Hyundai, Kia und Daewo her und ist ein Tochterbetrieb eines deutschen Mutterkonzerns, der mich nach Korea gesandt hat. In der Firmenhierarchie werde ich als „Director" geführt, also auf der Ebene unter dem Werkleiter. Nach deutschen Maßstäben entspricht mein Status dem eines Abteilungsleiters.

In dem Werk arbeiten außer mir noch einige andere Deutsche. Derzeit sind es fünf, die vom deutschen Geschäftsbereich für einige Jahre zur koreanischen Regionalgesellschaft abgeordnet wurden. Ich habe meine Tätigkeit in Korea im April 2000 aufgenommen, und naturgemäß spiegeln einige der Geschichten den Umstand wieder, daß ich – wie fast alle Deutschen – von heute auf morgen mit relativ oberflächlichen Vorkenntnissen zurechtkommen mußte.

Die Episoden, die ich hier schildere, habe ich anfangs nicht mit dem Ziel geschrieben, daraus ein Buch entstehen zu lassen. Es waren zweckfreie Beiträge in einer Internet-Literaturgruppe (*www.42erAutoren.de*), die Anklang fanden – auch bei Leuten, die sich für Korea nicht sonderlich interessierten. Nach und nach entwickelte sich ein kleiner Kreis von Liebhabern, aber auch Kritikern. Letztere bemängelten zum Beispiel bei dem Text „Mein Bademantel", ich hätte die Verkäuferin im Warenhaus angeschrieen und sei somit ein schlechter Botschafter meines Landes. Natürlich habe ich die Verkäuferin nicht angeschrieen, und ich habe seinerzeit klargestellt, daß sich kaum eines der Histörchen exakt so abgespielt hat wie dargestellt. Die einen haben das bedauert, besonders dann, wenn sie verläßliche, nachprüfbare Information über Korea erwartet hatten. Die anderen begrüßten die freie literarische Aufarbeitung der Ereignisse. Zwischen den Mühlsteinen der Puristen und der Phantasten möchte ich zum Wahrheitsgehalt sagen: Alle, ausnahmslos alle „Häppchen" beruhen auf wahren Begebenheiten. Aber alle, ausnahmslos alle sind „literarisch aufgearbeitet", man kann auch sagen, wenn man unbedingt will: verfälscht oder überzeichnet. Zuweilen ist das unübersehbar, wie zum Beispiel in „Die Tiefgarage", zum Teil aber ist es subtil wie in „Hee-Seon ist krank". Ich habe mich bemüht, mich nicht allzu weit von der Wahrheit zu entfernen, so daß man das typische Korea auf jeden Fall noch wiedererkennt wie beispielsweise in der Geschichte „Das Bankgeheimnis". Alle Episoden spielen vor dem Hintergrund der koreanischen Kultur und Eigenheiten. Wenn ich sie teilweise mit Komik, Absurdität oder gar mißtrauenerweckender Unglaublichkeit gefüllt habe, so diente das der Dramaturgie und, hier bitte ich um Verständnis, meinem eigenen Vergnügen. Schreiben muß meiner Ansicht nach Spaß machen.

Ich hoffe, daß Sie, verehrte Leserin und verehrter Leser, das Ergebnis meiner literarischen Kochkunst mögen. Ich wünsche guten Appetit!

Im März 2002   Jonas Ley, JonasLey@yahoo.de

주인공 Die Hauptpersonen

Ich

Im Frühjahr 2000 wurde ich von Deutschland nach Korea versetzt und leite dort die Abteilung Qualitätssicherung in einem kleinen Werk, das Teile für Automobilhersteller produziert. Ich bin 59 Jahre alt und verheiratet, lebe aber derzeit allein, wobei meine Frau hin und wieder nachschaut, ob ich auch brav bin. Den Rest über mich erfahren Sie *peu à peu*.

Hee-Seon

Meine Sekretärin und Assistentin. Ihr ganzer Name ist Hee-Seon Kim, aber wir haben uns fast von Anfang an geduzt. Sie ist noch kleiner als T.H. Kim, aber ebenso drahtig. Hübsch, grazil und meistens gutgelaunt. Ende Zwanzig. Hat in Seoul Germanistik studiert. Das hört sich toll an, bedeutet aber nicht mehr und nicht weniger als den Besitz eines Papieres, das dies bestätigt. Im Gegensatz zu vielen anderen koreanischen Germanistinnen beherrscht Hee-Seon die deutsche Sprache wirklich gut. Langsam dämmert es ihr aber schmerzhaft, daß sie nur allein mit den Sprachkenntnissen in ihrem hübschen Kopf keine große Karriere machen kann. Sie will trotzdem noch auf keinen Fall heiraten. Mir soll's ja recht sein.

Mr. T.H. Kim

Ingenieur (*Assistant Section Manager*) in meiner Abteilung. Klein, untersetzt, drahtig. Etwa Mitte dreißig. Er war schon mal in den USA und sagt daher allen, denen er vorgestellt wird: „You can say Michael to me." Wo der Name ‚Michael' herkommt, weiß nur er selber. Von diesem Duz-Angebot machen nur wenige Gebrauch – die meisten waren eben noch nie in den USA gewesen.

Der President

Ich schreibe „President" und nicht „Präsident", weil der Titel nicht übersetzbar ist. In einem deutschen Werk gibt es nun mal keinen Präsidenten, sondern nur einen schlichten Werkleiter. Gegenüber einem Werkleiter ist ein President aber ganz was anderes: Er hat einen Chauffeur; man hält zu ihm gehörigen Abstand; er ist ein kleiner König. Die Deutschen nennen ihn respektlos ‚Opa'. Zum einen, weil er sich durch sein Alter deutlich von der übrigen Mannschaft abhebt, zum anderen aber, weil er – selbstüberzeugt und narzistisch – das obere Management mit endlosen Monologen von der Arbeit abhält und die Geduld seiner Zwangszuhörer aufs Äußerste strapaziert. Da er selten jemanden direkt anspricht, fällt es nicht weiter auf, wenn man die wichtige Sitzung zeitweilig verläßt und sich beispielsweise einen Instant Kaffee brüht. Seine starke Position basiert hauptsächlich auf seinen guten Kontakten zu unseren Kunden, auf seinem Alter mit charismatischer Ausstrahlung und dem Umstand, daß er Koreaner ist.

Herr Mileke

Technischer Leiter. Noch ziemlich jung, das heißt etwa Mitte vierzig, aber schon zweiter Mann in der Firma nach dem Presidenten*. Stets strahlend-dynamisch-sportiv und mit flot-

---

* President wird hier und nachfolgend mit e und nicht mit ä geschrieben, um die im Deutschen kaum zulässige Identität der Titel (Staats-)Präsident und (Firmen-)Präsident zu unterbrechen

ten Sprüchen auf den Lippen, die zuweilen opportunistisch genannt werden können. Mit dieser Ausstattung ist er der Prototyp eines Karrieremenschen und Topverkäufer seiner selbst.

Frank

Deutscher Produktionsleiter und Ingenieur unter Herrn Mileke, sehr sportlich, etwa Ende dreißig, ledig. Ein grundehrlicher, hilfsbereiter, aber manchmal auch hakeliger Charakter, da er die Dinge beim Namen nennt, was für Koreaner und auch Deutsche nicht immer leicht zu schlucken ist.

Frau Seon

Meine Putzfrau, die beste von ganz Südkorea. Sagt man. Ich bin mir da nicht ganz so sicher, aber ich möchte nicht vorgreifen: In der Episode „Alarm! Frau Seon kommt!" wird Näheres erzählt.

세탁기 Meine Waschmaschine

Ich hatte lange geschwankt, ob ich eine einheimische oder eine importierte Waschmaschine kaufen sollte. Die einheimischen waschen nur bis höchstens 30 °C und mit preiswertem Pulver, sehen aus wie ein bombastischer Bosch-Kühlschrank der 60er Jahre, haben dafür aber einen besseren Kundendienst und sind deutlich billiger. Für die Importierten hingegen gibt es nur ein einziges Waschmittel: Persil Megaperls, dreißig Mark pro 1,5 Kilo. Das tut weh, aber auf den Monat umgelegt sind die Schmerzen erträglich.

Ich entschied mich trotz der gravierenden Nachteile für eine importierte *Zanussi* aus einem schlichten Grund: Es war die einzige Maschine mit einer englischen Gebrauchsanweisung. Die Koreaner sind nämlich sehr stolz auf ihre Sprache und ihre Schrift, daher entfernen sie bei den inländisch verkauften Waren in aller Regel die ausländischen Unterlagen selbst dann, wenn sie der Hersteller ursprünglich beigelegt hatte.

Der Handwerker arbeitete sehr effizient, ließ allerdings nach wenigen Minuten sein Werkzeug fallen, weil er den Haupthahn nicht fand, um das Wasser abzustellen. Nach einigen Handy-Telefonaten mit dem Vermieter entdeckte er schließlich den Haupthahn unter einem losen Plastikdeckel im Bürgersteig vor dem Haus, wo auch die Wasseruhr montiert war.

Jeder Passant, der sich ein wenig mit den Gepflogenheiten koreanischer Klempner auskennt, kann sich also über meinen

Verbrauch informieren. Er muß dazu nur den Deckel ein bißchen anheben. Dasselbe gilt für den Strom – der Zähler ist in einem offenen Kasten, draußen an der Gartenmauer. Die Kabel liegen sichtbar und zum Teil blank. Jeder, der will, kann mir mit einem Seitenschneider den Saft abknipsen.

Da im ganzen Haus kein Erdleiter zu finden war, legte der findige Handwerker das Erdungskabel durchs Fenster und befestigte es außen, indem er die Isolierung entfernte und das blanke Ende um die Gasleitung wickelte, die in fünf Zentimeter Tiefe durch den Garten läuft.

Spannend!

Jetzt, nach einem Jahr, habe ich genügend Erfahrung mit der Waschmaschine. Sie läuft ganz hervorragend, und ich bin erklärter *Zanussi*-Fan. Das hinderte die Maschine jedoch nicht daran, kürzlich ihren Dienst mit zunehmend häßlichen Kommentaren der Laugenpumpe zu versagen.

Hee-Seon, meine Assistentin, bestellte umgehend den Monteur aus Seoul mit dem Hinweis, die Laugenpumpe sei defekt. Der Monteur, ein kräftig gebauter Meister seines Fachs, kam bereits am nächsten Tag. Es war derselbe, der die Maschine auch installiert hatte. Leider hatte er keine Laugenpumpe dabei. Die Lieferung der Ersatzteile sei erst in zwei Wochen zu erwarten, meinte er. Ich zeigte volles Verständnis, aber parallel begann ich schon die diversen Möglichkeiten zu analysieren, wem ich meine Schmutzwäsche derweil anvertrauen könnte. Hemden und Socken sind kein Problem, aber Intimwäsche ist nun mal intim.

Wir vereinbarten einen neuen Termin. Das Intimwäschenproblem löste ich, indem ich die Wäsche normal wusch, und immer, wenn die Laugenpumpe pumpen wollte, ließ ich das Wasser über die Öffnung für das Flusensieb ab und schaltete den Drehschalter eine Rastung weiter.

Diese Prozedur war ein wenig umständlich, aber ich weiß jetzt, wie ungemein gründlich meine *Zanussi* die Wäsche mit intakter Laugenpumpe gespült hätte. Ich kann die Maschine nur empfehlen.

Gestern kam der Meistermonteur wieder. Er hatte die neue Laugenpumpe dabei und tauschte sie im Handumdrehen gegen die alte aus. Dann schaltete er die *Zanussi* ein. Ich beobachtete sein Gesicht, wie es ernst und kummervoll wurde: Die Pumpe tat nur so, als ob sie pumpe. In Wahrheit floß kein Wasser ab.

Nun zeigte sich aber, daß ich es mit einem wahren Top-Exemplar von Meistermonteur zu tun hatte: Er wußte, daß die *Zanussi* makellos war, denn er hatte sie selbst repariert. Die Fehlerursache mußte also außerhalb der Maschine liegen. Und er begann, das Umfeld zu kontrollieren. Er wuchtete den Wäschetrockner zur Seite – und da offenbarte sich das Übel: Bei der Montage der Maschinen hatte jemand den Wäschetrockner auf den Abflußschlauch gestellt und ihn teilweise eingequetscht. Logisch, daß sich diese Engstelle zugesetzt und die Laugenpumpe verübelt hatte, stets gegen die Wand pumpen zu müssen.

Der Rest war ein Kinderspiel. Er schob den Wäschetrockner auf die Kante des gemauerten Absatzes, wo sie beim nächsten Trockengang wahrscheinlich herabfallen dürfte, aber der Abflußschlauch muß ja frei bleiben, das sieht jeder ein. Und dann packte er sein Werkzeug zusammen.

Ach ja, die Rechnung: „*Olmajäjo?*"

„Fünfundsiebzigtausend Won."

Ist doch glatt geschenkt, wenn man berücksichtigt, daß er zweimal von Seoul hierherfahren mußte, mehrere Stunden gearbeitet hat, ein neues Ersatzteil einbaute und obendrein den wahren Fehler fand. Ich gab ihm also achtzigtausend Won. Gute Arbeit muß belohnt werden. Der Meistermonteur bedankte sich mit einer formvollendeten Verbeugung, zog am Eingang wieder seine Schuhe an und verschwand.

Erleichtert ging ich nochmals in die Waschküche, aber der Anblick war deprimierend. Der Wäschetrockner balancierte auf der Kante, das Erdungskabel war straff durch das Fenster gespannt, der zerquetschte Abflußschlauch hing bedauernswert im Gulli, der Boden stand halb unter Wasser. Wer hatte das eigentlich zu verantworten?

Da fiel mir plötzlich ein: Niemand anders als dieser Kretin von Nichtskönner hatte den Trockner auf den Abflußschlauch gestellt! Ich raste wieder nach draußen. Zu spät. Er war nicht mehr zu sehen.

정원 Mein Garten

Eines Tages stand mein Mitarbeiter Herr T.H. Kim in der Firma vor mir und sagte verlegen: „Sie sollten in Ihrem Garten das Unkraut jäten."

„Was geht Sie mein Unkraut an?" antwortete ich schroff.

„Die Personalabteilung hat mich gerade angerufen."

„Sie?! Wegen meinem Unkraut?!"

„Ja."

Ich merkte, wie mir der Hals schwoll. „Warum sagt die mir das nicht selber? Und wie kommt die Personalabteilung dazu, sich mit dem Unkraut in meinem Garten zu beschäftigen?"

„Die Personalabteilung meint, ich könne besser mit Ihnen reden. Und die Personalabteilung hat ja den Vertrag mit dem Vermieter gemacht. Und der Vermieter hat die Personalabteilung angerufen, denn im Vertrag steht, daß Sie den Garten pflegen müssen."

„Okay, aber woher weiß der Vermieter, daß mein Unkraut gejätet werden muß? Der wohnt doch in Seoul."

„Ihr Nachbar hat den Vermieter in Seoul angerufen."

„Aha," sagte ich, „jetzt ist mir alles klar. Sagen Sie der Personalabteilung einen schönen Gruß, sie möge den Vermieter anrufen, damit der meinem Nachbarn sagen kann, daß er mir das auch direkt über den Zaun hätte sagen können."

T.H. Kim wand sich: „Das kann ich nicht machen, Sir."

„Warum nicht?"

„Sie müssen Ihren Garten doch pflegen. Das steht im Vertrag."

„Dann sagen Sie bitte der Personalabteilung, ich kenne den Vertrag nicht, habe ihn nie gesehen. Die Firma hat den Vertrag abgeschlossen, nicht ich."

Kim blieb hartnäckig: „Sir, die anderen Expats sorgen alle selber für ihren Garten. Die Firma wird Ihnen keinen Gärtner zugestehen."

Das war ein Argument. Ich lenkte ein: „Also gut, ich werde Hee-Seon bitten, jemanden zu suchen, der mir jede Woche das Unkraut jätet und den Rasen mäht."

T.H. Kim seufzte erleichtert: „Ich werde die Personalabteilung informieren."

Zwei Tage später hatte Hee-Seon ein Angebot: Ein freiberuflicher Gärtner war für dreihunderttausend Won pro Monat, also etwa 500 Mark, bereit, sich meines Gartens zu erbarmen. Ich fand das entschieden zu happig.

„Hee-Seon, wieso ist der Gärtner so teuer? Er verlangt ja das Sechsfache dessen, was Frau Seon pro Tag bekommt."

„Ganz einfach: Der Gärtner hat gesagt, er könne nicht eine Person einen ganzen Tag lang allein bei dir arbeiten lassen. Es müssen mindestens zwei, besser drei sein."

„Ich verstehe immer noch nicht. Wieso kann eine Person nicht allein arbeiten?"

„Weil sie sich langweilen würde."

„Aha."

Ich brauche eine Minute, um diese zwingende Logik zu verinnerlichen. Und noch eine Minute, um daraus weitere Schlüsse zu ziehen.

„Hee-Seon, frage doch bitte Frau Seon, ob sie bereit ist, den Rasen zu mähen und das Unkraut zu jäten. Frau Seon ist in meinem Singlehaushalt nämlich in keinster Weise ausgelastet. Die anderen Expat-Haushalte, in denen sie putzt, sind wesentlich größer, und dort muß sie deutlich größere

Mengen bügeln. Bei mir kann sie außerdem nach Belieben später kommen und früher gehen, niemand kontrolliert sie, aber sie bekommt dasselbe Geld. Und obendrein bezahle ich ihr noch das Essen doppelt: Einmal in bar, und zum andern bedient sie sich aus meinem Kühlschrank."

Hee-Seon sträubte sich: „Das kannst du von ihr nicht verlangen."

„Und warum nicht?"

„Weil sie für das, was sie jetzt bei dir tut, vierzigtausend Won pro Woche bekommt. Wenn sie nun mehr arbeiten soll, muß sie auch mehr verdienen. Lege ihr zwanzigtausend drauf, dann rufe ich sie an."

„Hee-Seon, dann bekommt sie bei mir sechzigtausend für ein Arbeitspensum, für das ihr die anderen Expats nur vierzigtausend geben. Plus fünftausend für das doppelte Essen."

Sie blieb hart: „Mehr Arbeit, mehr Geld. Oder soll ich Frau Mileke fragen, was sie dazu meint?"

„Um des Himmels Willen, bloß nicht! Sie wird es nicht erlauben, daß die beste Perle von ganz Südkorea von mir schamlos ausgenutzt wird."

Hee-Seon ignorierte meinen Sarkasmus: „Also gut. Ich rufe jetzt Frau Seon an und frage sie."

Fünf Minuten später hatte sie die Antwort. „Frau Seon ist einverstanden. Aber sie hat eine Bedingung."

„Welche?"

„Frau Seon sagte, wir dürften gegenüber Frau Mileke von diesem Deal nichts erwähnen."

„Geschenkt."

Damit war das Problem des Unkrauts elegant und relativ kostengünstig gelöst.

In den nächsten Wochen erfreute ich mich eines wunderbar gepflegten Gartens. Meine Nachbarn waren bestimmt sehr stolz auf sich. Ich gönnte es ihnen.

Das Glück hielt jedoch nicht sehr lange. Eines Tages kam ich nach Hause und fand den Garten irgendwie verändert vor – kahler, gezackter, ungemütlicher. Das Rätsel löste sich bereits am nächsten Tag, als Hee-Seon mich mit den Worten begrüßte: „Ich habe eine gute und eine schlechte Nachricht für dich."

„Zuerst die schlechte, bitte."

„Du sollst zweihundertfünfzigtausend Won bezahlen."

„Wie bitte? Wofür denn?"

„Dafür, daß der Gärtner dir die Bäume und Sträucher in deinem Garten geschnitten hat."

Das war es also gewesen, was mich irritiert hatte. Mein Hals schwoll an.

„Welcher Gärtner? Ich habe keinem Gärtner den Auftrag dazu gegeben."

„War auch nicht nötig. In deinem Vertrag mit dem Vermieter steht, daß du für die Gartenpflege verantwortlich bist."

„Dieser ominöse Vertrag, den ich immer noch nicht kenne! Gib mir endlich mal eine Kopie davon."

„Damit kannst du nichts anfangen."

„Warum nicht?"

„Weil er auf Koreanisch geschrieben ist."

Jetzt verlor ich allmählich die Geduld: „Dann übersetze ihn mir, bitte, sofort."

Hee-Seon reagierte pikiert: „Glaubst du mir nicht?"

„Herrgottnochmal, alle Welt zitiert einen Mietvertrag, den ich nie gesehen und den ich nicht unterschrieben habe. Ich glaube dir, aber ich habe ein Recht auf den Vertrag, wenn andere daraus das angebliche Recht ableiten, mir zweihundertfünfzigtausend Won für eine von mir nicht bestellte Arbeit abzuknöpfen, deren Ergebnis mir nicht gefällt. Der Garten ist gräßlich verstümmelt. Die Bäume sehen nicht mehr wie Bäume aus, sondern wie Riesenpopcorn. Und noch eins: Ich hatte niemandem erlaubt, mein Grundstück zu betreten."

Hee-Seon rümpfte die Nase und zog ab.

„Was wäre eigentlich die gute Nachricht gewesen," rief ich hinterher.

„Du hättest dir mit der Zahlung vier Wochen Zeit lassen können!"

Nach zwei Stunden legte sie mir den übersetzten Mietvertrag vor. Nur eine einzige Seite. Und der Gartenpassus bestand nur aus einem einzigen Satz: „Der Nutzer ist für die Pflege des Gartens zuständig."

Der Nutzer war ich, kein Zweifel. Aber was bedeutete Pflege? Wo stand, daß und wie und wie oft koreanische Bäume zu beschneiden waren?

Für die Leute der Personalabteilung schien das alles sonnenklar: „In Korea werden alle Gartenbäume geschnitten, das ist Ihnen sicherlich nicht entgangen," dozierte Mr. Heo.

Tatsächlich. Jetzt, wo er es sagte ...

„Und Sie sind der Nutzer."

Ich ließ ihn ausreden.

„Und die Bäume mußten jetzt geschnitten werden."

Auch darin konnte ich ihm folgen. Ich wartete auf die Grenze.

„Und es kostet zweihundertfünfzigtausend Won, die Sie bezahlen müssen."

Da war sie.

„Nein," sagte ich ruhig.

„Nein?"

„Nein. Zunächst mal ist es ein Unding, daß die Personalabteilung für mich einen Mietvertrag abschließt und mir nicht sagt, was da drin steht. Zum anderen hätte ich bestimmt einen Gärtner gefunden, der es viel billiger gemacht hätte. Vielleicht hätte ich es sogar selber gemacht, so wie die anderen Expats ja auch. Und drittens ist das Haus und der Garten für mich gemietet worden, für mich, und niemand hat das Recht, ohne meine Erlaubnis das Grundstück zu betreten."

Mr Heo saugte durch die geschlossenen Zähne Luft an. Es gab ein leises, zischendes Geräusch. Ein typisch koreanisches Zeichen in einer kritischen, schwierigen, peinlichen Situation. Ich hatte gewonnen. Jetzt durfte ich die Bedingungen diktieren:

„Also, ich will die Arbeit des Gärtners ja nicht geschenkt haben. Ich zahle, was mir die Sache wert ist: Einhunderttausend Won. Keinen einzigen Won mehr."

Mr. Heo schaute mich nicht mehr an. Er litt und saugte weiterhin Luft durch die geschlossenen Zähne und räumte Papiere hin und her. Ich stand auf und ging zurück in meine Abteilung. Unterwegs nahm ich aus meiner Geldbörse zehn der grünen Scheine. An Hee-Seons Platz blieb ich stehen.

„Hee-Seon, überweise dem Gärtner bitte diese einhunderttausend Won."

„Und von wem bekommt er den Rest?"

„Das ist nicht mein Problem, aber ich schlage vor, daß sich der Gärtner an den hält, der ihm den Auftrag erteilt hat."

Einige Wochen später sagte Hee-Seon beiläufig: „Ach, übrigens, du brauchst die restlichen Won für den Gärtner nicht zu bezahlen."

Ich war überrascht, denn eine derart klare Aussage hatte ich nicht erwartet.

„Ach nee. Schau mal an. Wer bezahlt denn nun den Rest: Der Vermieter? Oder die Firma? Oder der Gärtner?"

„Egal," sagte Hee-Seon. Mehr war nicht zu erfahren, aber im Grunde konnte es mir tatsächlich egal sein – die Pflöcke waren gesetzt.

한국에서의 운전

Autofahren in Korea

In Daejeon und Umgebung finde ich mich wunderbar zurecht, seit ich in dem Hyundai *Sonata*, den mir die Firma dankenswerterweise zur Verfügung gestellt hat, eine magnetisch ziemlich neutrale Stelle über dem Armaturenbrett ermittelt und dort einen Kompaß aufgeklebt habe, der sogar zum Design paßt (echtes Kunststoff-Wurzelholz-Imitat). Damit kann ich mich sehr viel besser auf das Verkehrsgeschehen konzentrieren und die Möglichkeiten des Fahrzeugs voll ausschöpfen. So hat es beispielsweise in der linken Türfüllung, also da, wo auch die Elemente für die Fensterheber und für die Einstellung der Außenspiegel sitzen, einen Schalter, mit dem man die beiden Spiegel nach hinten klappen kann. Das Fahrzeug ist dann rund 20 cm schmaler.

Seit ich das entdeckt habe (mit der koreanischen Gebrauchsanweisung konnte ich nichts anfangen), getraue ich mich in Gassen hinein, in denen ich auch ohne Auto den Bauch einziehen müßte. Und ich kann noch in Situationen überholen, in denen sogar Herzschrittmacher die Luft anhalten. Beispielsweise kann ich nun an den Autoschlangen, die brav auf das Grün der Ampel warten, bedenkenlos ganz links oder ganz rechts überholen, ohne meinen Außenspiegeln Gelegenheit zu geben, irgendwelchen Schaden anzurichten. Meist kann ich mich dann in der Spur der Linksabbieger oder Rechtsabbieger bis ganz nach vorn schieben. Von da aus ist es kein Problem, in die Mittelspur zu kommen, wenn die Ampel auf Grün gesprungen ist, denn die koreanischen Verkehrsteilnehmer pflegen nur hin und wieder nach der Ampel zu schauen, so daß ich meist schon über der Kreuzung bin, wenn sie endlich anfahren. So ein Schalter ist Gold wert.

Damit kein falscher Neid aufkommt: Der Hyundai *Sonata* ist nicht unbedingt ein Traumauto. Die Antriebsleistung bleibt ganz überwiegend irgendwo im Automatik-Getriebe und in der Klima-Anlage hängen, und der Benzinverbrauch treibt mir die Tränen in die Augen. Ein sogenannter Kavaliersstart ist einfach nicht drin, und in Kurven muß man auf einen Powerslide verzichten, weil die Federung zu weich, der Antrieb vorn, die Leistung zu mager, kurz, das ganze Auto dazu eben nicht ausgelegt ist. In Korea fährt man betulich.

Seine Federung ist derart weich, daß ich an den *Speedbreakern* (den quer über die Straße aufgepappten Asphalthubbeln in Wohngebieten) häufig mit der Schnauze unangenehmen Bodenkontakt bekomme. Das Geräusch ist recht lästig, aber man muß schon sehr heftigen Kontakt zwischen Asphalt und Motor herstellen, ehe die Ölwanne zu Bruch geht, und selbst dann nimmt es der Motor nicht sofort übel, wenn man ihn noch bis zur nächsten Werkstatt quält. Der *Sonata* hat also auch recht schätzenswerte Eigenschaften.

Richtig interessant wird es im koreanischen Verkehr allerdings, wenn man nicht nur das Auto, sondern auch die Polizisten bis an die Grenze ihrer Belastungsfähigkeit führt. Das gelingt relativ einfach:

Viele Straßen in Daejeon sind in der Mitte mit einer doppelten, durchgezogenen gelben Linie gekennzeichnet. Diese Linie darf man keinesfalls überfahren, und die Strafen sind empfindlich hoch. Man riskiert ein hohes Bußgeld und den Verlust der Fahrerlaubnis. Wenn man wenden will, muß man brav fahren, bis irgendwann an die Stelle der doppelt gelben Linie eine unterbrochene weiße Linie tritt. Da staut sich der Verkehr allerdings gerne, so daß die Versuchung sehr groß werden kann, die verbotene gelbe Doppellinie nun doch zu überfahren.

Das Risiko ist jedoch überschaubar, denn die koreanische Polizei pflegt die blau-rot blinkenden Lichter auf ihren Fahrzeugen praktisch immer einzuschalten, auch dann, wenn kein besonderer Eileinsatz gefahren wird. Wenn man also beabsichtigt, die Doppellinie zu überfahren, muß man sich nur kurz vergewissern, ob ein Polizeiauto in der Nähe blinkt.

Als ich kürzlich die Doppellinie wieder mal überfuhr, war ich wohl zu leichtsinnig gewesen – weiß der Himmel, warum ich das Polizeiauto übersehen hatte. Es setzte sich direkt hinter mich, und sein Lautsprecher quakte kurz. Da ich kein Koreanisch kann, fühlte ich mich nicht angesprochen, aber ich erinnerte mich an der nächsten Ampel meiner einklappbaren Außenspiegel. Es bereitete mir ein gewisses Vergnügen, den schmalen Schlauch zwischen der ganz rechten Schlange und dem Rinnstein ausnutzen zu können und im Rückspiegel zu sehen, wie das Polizeiauto in eben derselben Spur hoffnungslos steckenblieb. Ganz offensichtlich war es kein Luxus-*Sonata*.

So war es ein Kinderspiel, von Ampel zu Ampel einen ordentlichen Vorsprung herauszufahren und das wütende Gebrülle des Lautsprechers leiser werden zu lassen.

Ich hätte das Rennen locker gewonnen, erinnerte mich dann allerdings des fatalen Umstandes, daß die Polizisten mit Sicherheit meine Autonummer hatten. Sie hätten mich spätestens zu Hause oder in der Firma gestellt. Ich ließ sie also aufholen und fuhr dann rechts an den Fahrbahnrand und blieb sitzen.

Zwei relativ schmächtige Bürschchen stiegen aus und kamen zu mir. Sie schienen nicht besonders gut gelaunt zu sein. Als sie sahen, daß ich Ausländer war, sagte der eine: „Driving License, please." Ich reichte ihnen das grüne Kärtchen, dessen Rückseite von keinerlei Strafpunkten verunziert war. Sie kontrollierten penibel und gaben es mir zurück. Dann sagte mir einer der beiden ein paar Sätze, die ich nicht verstand, aber ich antwortete in reinem Hochdeutsch: „Leute, bleibt auf dem Teppich. Tut mir ja leid, daß ihr mich erwischt habt."

Es war klar: Unsere Kommunikation war extrem gestört. Ohne Dolmetscher war nichts zu machen. Ich las in ihren Gesichtern, daß sie darüber nachdachten, was für ein Hohes Tier ich sein mochte. Die einfachste Lösung war, sich von mir zu verabschieden.

Sie salutierten zackig und gingen zu ihrem Auto zurück.

Ich sandte ein Dankesgebet senkrecht nach oben und nahm mir vor, in Zukunft beim Übertreten der Verkehrsregeln etwas vorsichtiger zu sein.

Als ich diese Geschichte anderntags Hee-Seon erzählte, schäumte sie: „Ich fasse es nicht! Das ist eine himmelschreiende Ungerechtigkeit! Einen Koreaner hätten sie ins Gefängnis geschmissen! Die Ausländer werden in Korea viel zu gut behandelt!"

Ich sandte noch ein Gebet in Richtung derselben Orthogonalen mit meinem warmen Dank dafür, daß in Korea rachsüchtige Frauen wie zum Beispiel Hee-Seon nicht Polizistin werden können.

우동 Uhdong

Uhdong ist die koreanische Bezeichnung für eine Nudelsuppe, die sehr heiß und sehr schnell gegessen wird. Deswegen ist sie nicht nur in Restaurants, sondern auch in Raststätten an den Highways beliebt, in die man einkehrt, wenn man längere Strecken unterwegs ist – zum Beispiel von Daejeon nach Ansan westlich von Seoul, wo die Firma Kia ihren Vortrag über *Liability* (Produkthaftung) so ungeschickt auf 14.30 Uhr angesetzt hatte, daß ich in der heimischen Kantine auf das kostenlose Mittagessen verzichten mußte, um den Termin wahrnehmen zu können. Für solche Klemmsituationen wurde Uhdong erfunden. Man ißt dieses köstliche Gericht, wie gesagt, schnell und heiß, denn man hat es eilig, und in Korea geht es oft *balli balli*, was durch die Ähnlichkeit zu *dalli dalli* selbsterklärend ist.

Man ahnt vielleicht schon, worauf ich heute hinaus will. Richtig – auf das Essen von Uhdong zur Unterbrechung einer *Balli-balli*-Reise von Daejeon nach Ansan westlich von Seoul. Wo die Raststätte genau lag, in der mich mein Mitarbeiter T.H. Kim führte, kann ich nicht mehr genau sagen, denn wer vermag schon eine McDonalds-Kopie von einer anderen zu unterscheiden? Eben. Und außerdem ist es bei Uhdong ähnlich wie bei einem Big Mac: Nicht so genau nachdenken – genießen.

Bevor ich zur Sache komme, muß ich ein paar Kleinigkeiten erwähnen, die für das Verständnis dieser Geschichte wesentlich sind: Erstens hatte ich Uhdong zuvor noch nie

27

gegessen, zweitens liebe ich heißes Essen überhaupt nicht, und drittens ißt man Uhdong mit Stäbchen. All das wußte ich aber noch nicht, als ich mit T.H. Kim die Raststätte betrat und er mich fragte, auf welches Gericht ich Lust hätte. Ich betrachtete eingehend die Fotos, die über dem Tresen hingen, und mein Blick blieb bei Uhdong hängen: Die Großaufnahme dieser sich in geschmolzenem Käse suhlenden und sich auf knackigen Bohnen und raffiniert drapierten Nudeln abstützenden Krabben kurbelte meine Speichelproduktion enorm an.

„That one!" sagte ich klar und bestimmt, und T.H. Kim meinte „Vely well, I love it too," denn er war schon mal in den USA gewesen und sagte daher nicht „Beli bel, I lobiduh" wie ein normaler koreanischer Vollakademiker, was mir aber keine Verständnisprobleme bereitet hätte, denn ich hatte sakrischen Hunger.

Das Essen war sozusagen sofort nach der Bestellung fertig. Zwei Tabletts, zwei Schüsseln mit dampfendem Uhdong, zwei Porzellanlöffel, vier Stäbchen, Kreditkarte abgeben, der Tisch da, essen.

Kim kam sofort aus den Startlöchern. Er stach mit seinen Chopsticks in die Brühe hinein, machte einen kurzen Schlenker, der einige Nudeln veranlaßte, sich um die Stäbchen zu wickeln, hob sie wenige Zentimeter über seine Schüssel, senkte den Kopf und saugte den Fang nahezu lautlos zwischen den Lippen in den Mund. Es sah ganz einfach aus, geradezu elegant.

Ich beeilte mich, es ihm nachzumachen, stach mit meinen Stäbchen in die Brühe hinein, machte einen kurzen Schlenker, der einige Nudeln veranlaßte, den Stäbchen auszuweichen, hob die Nullprobe einige Zentimeter über meine Schüssel, senkte den Kopf und ahnte, daß ich jetzt ein Problem hatte.

Nun, ich bin ein welterfahrener Mann, der nicht gleich die

Balance verliert, wenn sich irgendwelche blöden Nudeln nicht sofort meiner Erwartungshaltung anpassen. Ich hatte ja noch einen Löffel, und mit dem stach ich verzugslos in die Brühe hinein, machte einen kurzen Schlenker, der etwas Suppe veranlaßte, in der Kuhle zu bleiben, hob den Fang einige Zentimeter über meine Schüssel, senkte den Kopf und saugte den Inhalt nahezu lautlos ein. Dann sagte ich „oh shit, oh bullshit, oh himmiherrgottsakramentfuckingbullshit!", denn ich hatte mir den Mund verbrüht.

Ich ließ den Löffel fallen und lehnte mich zurück. Kim, inzwischen bei der fünften oder sechsten Fuhre, schaute mich aus seinen etwas kindlichen Augen treuherzig an und fragte, den Mund voller Nudeln und Krabben: „Any ploblem?"

„Oh, not at all. It's delicious."

Das war genau die Antwort, die koreanische Mitarbeiter in derartigen Situationen von uns Langnasen erwarten. Aber die Suppe war noch nicht gegessen, und ich hatte teuflischen Hunger.

Ich nahm erneut meine Stäbchen, griff gezielt und mit äußerster Konzentration einige Nudeln, die ohne Begeisterung schlaff herabhingen, hob sie etwa einen halben Meter über meine Schüssel und ließ sie dann vorsichtig in meinen Löffel hinab, wo sie sich kringelten und häuften, bis eine von ihnen über den Rand zurück in die Schüssel rutschte und den Rest mit sich riß, wobei ein paar Tropfen verspritzt wurden, die sich erstaunlich großflächig auf meinem frischen Hemd und der Edelkrawatte ausbreiteten.

Jetzt wurde es ernst. Kim hatte seine Nudeln und die anderen Festkörper aus seiner Schale bereits vollständig verspeist und griff zum Löffel, ohne den auch Koreaner in der Endphase nicht mehr auskommen. Ich war noch nicht ganz so weit und riß aus dem Serviettenspender einige Papiertücher, die von normalem Toilettenpapier nicht unterscheidbar waren, und tupfte mich leidlich trocken. Dann nahm ich einen neuen Anlauf, griff eine Nudel am Genick und hob sie hoch, sehr hoch, so daß ich sie bequem in den Löffel absenken konnte, den ich allerdings mit den Schlenkerbewegungen des Nudelendes synchronisieren mußte. Es wäre mir gelungen, die Nudel zu fangen, wenn nicht die Bedienung mit meiner Kreditkarte gekommen wäre und meine Unterschrift verlangt hätte. Die Nudel nutzte meine Ablenkung sofort aus und ließ sich herabfallen, wobei sie ein paar Tropfen verspritzte, die sich erstaunlich großflächig ..., und so weiter.

T.H. Kim hatte Erbarmen. „I'll show you," sagte er und zeigte mir den Trick, mit einem kurzen Schlenker die Nudeln um die Stäbchen zu zwingen. Es war wirklich ganz einfach, und ich schämte mich ein bißchen. Die Uhdong-Temperatur war jetzt soweit gesunken, daß ich mutig wurde. Als ich einige Nudeln im Griff hatte, hob ich sie einige Zentimeter über die Schüssel, senkte meinen Kopf und saugte den Fang nahezu lautlos zwischen den Lippen in den Mund, wobei allerdings die letzten Nudeln sehr heftige Seitwärtsschlenker machten und dabei Kaskaden von Brühe erstaunlich großflächig ..., und so weiter.

Kims Erbarmen hatte Grenzen. Er ließ mich allein herausfinden, daß man das Schlenkern der Nudeln mit den Stäbchen abfangen mußte, was ich ihm etwas übel nahm, denn ich beherrschte den Trick erst, als keine Nudel mehr übrig war. Und ich wußte auch nicht recht, was ich antworten sollte, als mich in einer Vortragspause bei Kia mehrere koreanische Teilnehmer mit Blick auf mein Hemd und meine Krawatte ansprachen: „Oh, you like Uhdong?"

‚Keep a stiff upper lip,' dachte ich mir, und das ist mir wohl gelungen, denn die Herren strahlten mich unendlich freundlich an, während Kim sich diskret im Hintergrund hielt.

목욕 가운 Der Bademantel

Weihnachten steht vor der Tür, genauer gesagt liegt es im Hafen von Busan, in zwei großen Kisten im Frachtraum des Schiffes „OOCL China". Der Weihnachtsmann rief mich eben an und teilte mir diese *good news* mit.

Eigentlich war es eine Weihnachtsfrau aus dem Taehong-Building der Vorstadt Suhcho-Dong im Gebiet Suhcho-Ku, und sie nannte sich zwitschernd Cindy Seo. Ich hätte ihr auch den Namen ‚Suzy Wong' geglaubt.

In den Kisten erwartete ich Sachen, von deren Wert man sich keine Vorstellung machen kann, zum Beispiel einen recht verschlissenen, aber wunderbar weit geschnittenen Ikea-Bademantel. Um zu ermessen, was das heißt, einen passenden Bademantel zu besitzen, muß man schon mal versucht haben, in Daejeon in einem der Kaufhäuser einen Bademantel zu kaufen. Dazu macht man am besten eine Zeichnung, die einen distinguierten Herrn, also mich, im Bademantel zeigt, und dann fährt man in eines dieser wirklich großzügig gebauten Kaufhäuser, in denen man von absolut adretten jungen Damen in hautengen, erfreulich knappen Plastikuniformen oder auch feschen jungen Männern mit Leuchtstäben in die Tiefgarage zu einem freien und kostenlosen Parkplatz gelotst wird, wenn nicht im vierten, dann bestimmt im fünften oder sechsten Untergeschoß. Wenn man dann an einem der Fahrstuhlschächte steht, hat man noch etwas Zeit, die Zeichnung zu vervollkommnen, denn die fünf Großraumkabinen sind meist grad weg und pendeln zwischen dem achten und zehnten Stock oder so, aber man kann sich darauf verlassen – nach einiger Zeit kommt einer bestimmt herunter.

Wenn man noch nicht so genau weiß, wo es die Bademäntel gibt, drückt man irgendeinen Knopf größer/gleich F1, das heißt erst mal raus aus der Tiefgarage, nach oben, an die Luft. Nun geht man zum nächsten Verkäufer oder zur nächsten Verkäuferin, von denen wirklich genug herumstehen und mit kleinen Megaphonen irgendwelchen Mist anpreisen, natürlich keine Bademäntel, und man hält der unendlich irritierten Person die Zeichnung unter die entzückende Nase und schreit: „Das da. Kaufen. Ich! Wo?"

Wenn man Glück hat, wird man dann nicht in die Papierabteilung oder zu den Comic-Heften geführt, sondern tatsächlich zu den Bademänteln. Und man jubelt und sucht sich einen aus, was schnell geht, denn sie sehen alle gleich aus, und man probiert einen an, der etwas zu klein ist, und dann den nächsten, der genauso klein ist, und dann merkt man, daß alle gleich klein sind, und langsam beginnt man zu begreifen, daß sich mal wieder ein Tag dem Ende zuneigt, wo man erschöpft ins Bett zurücksinkt und sich fragt, wieso die Koreaner alle gleich klein sind, zumindest in Bademänteln.

Ab heute kann ich getrost einschlafen, denn, wie gesagt, Weihnachten liegt im Hafen von Busan, und meine Kisten werden am kommenden Freitag angeliefert, also überübermorgen, dreimal werde ich noch wach. Und dann werde ich einen passenden Bademantel haben, ich werde oh-du-Frö-hö-liche singen, und ich werde ihn so bald nicht mehr ausziehen.

지각

Ich bin spät dran

했습니다.

Die Firma und ich haben einen Vertrag miteinander geschlossen, nach dem ich morgens ab 8.30 Uhr meine Arbeit anzufangen habe, nicht später. Das andere Ende des Arbeitstages wurde auf 18.00 Uhr festgelegt, nicht früher. Während ich mit dem Ende der Arbeitszeit keinerlei Schwierigkeiten habe, weil ich ja schon da bin, wenn ich aufhören darf, ist die Einhaltung des Arbeitsbeginns wesentlich komplizierter: Ich bin eventuell noch unterwegs, wenn ich bereits anfangen müßte.

Es gibt im Wesentlichen zwei Gründe für die Diskrepanz zwischen der Forderung des Vertrages und der Realität. Der eine Grund ist, daß ich ein Nachtmensch bin und kein Sonnenaufgangsanbeter. Der andere Grund ist die ziemliche Entfernung zwischen meinem Haus und der Firma, nämlich etwa 30 Kilometer, davon ein Drittel durch Ampelgebiet, der andere Teil durch Landschaft. Um morgens gerade rechtzeitig in der Firma zu sein, müßte ich genau um 8.30 Uhr minus Zeitbedarf für die Strecke losfahren. In dieser präzisen Bedingung stecken mehrere Unwägbarkeiten, die meine unbedingte Absicht, morgens pünktlich in der Firma zu sein, manchmal unterstützen, manchmal durchkreuzen.

In dem allmorgendlichen Spiel, die Unterstützer auszunutzen und die Durchkreuzer auszutricksen, entstand ein zunehmend schärferer sechster Sinn, der es mir erlaubt, jede Woche eine kleine Zeitspanne später von Zuhause loszufahren. Während ich Anfang April noch 30 Minuten für die 30 Kilometer benötigte, also einen Schnitt von 60 km/h, sind es nun, nach fast sieben Wochen, nur noch 23 Minuten, also ein Schnitt von rund 78 km/h. Ich kann jetzt, nach sieben Wochen, morgens meine Zeitung sieben Minuten länger lesen. Das ist Fortschritt, das ist Vorsprung.

In diesem Lesehäppchen möchte ich nun darstellen, welche Tricks zur Zeitverkürzung ich bereits beherrsche.

Die Stoppuhr läuft ab dem Moment, in dem ich die Haustür ins Schloß ziehe und abschließen muß. Die Tür hat zwei Schlösser, eins unten, eins oben. Eins reicht: Macht 10 Sekunden Ersparnis.

Ich spurte über den Plattenweg zum Gartentor hinunter, Tor entriegeln, aufziehen, hinter mir schließen, zum Auto rennen, unterwegs schon die Fernbedienung zur Schloßentriegelung betätigen, Tür auf, einsteigen, Schlüssel ins Schloß, Automatikhebel auf „P", starten, Hebel auf „D", Gas geben.

Der *Sonata* rollt widerwillig los. Noch kein Ersparnispotential entdeckt.

Auf dem Zubringer zur 51. Straße gibt es drei *Speedbreaker*. Schräg anfahren oder rechte Räder in der Gosse halten. Ich kann mit diesem Trick fast doppelt so schnell fahren. Macht neun Sekunden Ersparnis.

In die 51. Straße einfädeln. So tun, als ob man auf dem linken Auge blind ist. Sich durch kreischende Bremsen nicht ablenken lassen. Fünf Sekunden.

Am Ende der 51. wollen zwei Schlangen links abbiegen und warten auf Grün. Ich will auch links abbiegen, aber nicht hinten, sondern vorn. Gesamte Schlange etwa 200 Meter rechts überholen, vielleicht wird es gerade grün, wenn ich am Kopf der Schlange bin, oh bitte bitte bitte, dann kann ich durchspurten, geschafft! Falls nicht: Das wütende Hupen hinter mir lächelnd zur Kenntnis nehmen. Beschwichtigende Handbewegungen aus dem Fenster. Immerhin 45 Sekunden, für die es sich lohnt, eine Sau zu sein.

Auf dem Zubringer zum Highway No. 1 entscheiden: Highway oder Landstraße? Die Brücke über den Fluß ist bestimmt noch nicht überflutet, also Landstraße.

Vierspurig bis kurz vor Shintanjin, dabei ständig die schlafmützigsten Schlafmützen identifizieren, links oder rechts überholen. Dann links ab ins Gelände.

Ab jetzt auf vollkommen neue Verkehrsteilnehmer einstellen, nämlich Reisbauern, Kinder, Frauen in Pluderhosen. Gaspedal mit Bleifuß. Der *Sonata* kann jetzt zeigen, was bisher in ihm feste geschlafen hat. Musik lauter stellen. Kurven rechtzeitig anschneiden. Achtung, derzeit werden die Reissetzlinge eingebracht, heute minus 10 Sekunden.

Schule links, Restaurant links, einsamer *Speedbreaker*. Die erste Brücke, Stoppschild beachten, durchstarten, einige Kilometer am Fluß entlang, keine Leitplanken am Steilufer, nur freundliche Kurven.

Die Straße ist trocken, ich treibe den *Sonata* auf 160 km/h. Scharf bremsen, ABS muß ansprechen, 90 Grad nach rechts abbiegen.

Jetzt kommt die Strecke mit dem meisten Potential, nämlich der unbefestigte, schlagloch- und pfützenübersäte Kilometer bis auf die andere Seite des Flusses, der täglich steigt und steigt und irgendwann im Spätsommer die provisorische Brücke wegspülen wird. Die losen Blechplanken klappern, das linke Geländer könnte ich mit dem linken Außenspiegel abmähen, das rechte mit dem rechten. Hubbelstrecke, extrem dicke Staubwolken hinter mir. Der *Sonata* schlägt bis zum Bodenblech auf. Soll die Firma ruhig erfahren, was sie mir für eine Schüssel angedreht hat.

Endlich auf der anderen Seite. Spurt durchs Betonwerk, Schlammspritzer bis aufs Dach. Rechts ab in den Feldweg, der wieder auf die Landstraße führt. Bleifuß. Zwei Superschlaglöcher, entweder *full speed* oder ... *Full Speed*. Der *Sonata* hält schon was aus. Da vorne links ab zur Firma. Straße hoch, einsame Trottel überholen, radierend links ab in Firmenzufahrt, Pförtner grüßt militärisch, zweiter Pförtner notiert Ankunftszeit und macht Meldung an Werkleitung: Ley da, Acht Uhr Einunddreißig.

Warten auf die erste mißbilligende Bemerkung des Presidenten.

플로블렘 Ploblems

Nein, ich habe mich nicht verschrieben. Wenn ich „Ploblems"
schreibe, meine ich auch „Ploblems". Zur Erläuterung zitiere
ich meinen Mitarbeiter S.Y. Chung: „De ploblem is bi habä no
dita abat de mota." Das ist ein Ploblem.

Aber nicht lange. Sowie man sich ein wenig in das Englisch der Koreaner eingehört hat, fällt die Übersetzung ganz
leicht: „The problem is: we have no datas about the motor."
Natürlich, nichts anderes heißt das! Man muß nur wissen, daß
Koreaner das R durch ein L ersetzen. Man kennt das ja aus
unzähligen Witzen, in denen diese Eigenart verballhornt wird.
Wir haben uns damit abgefunden: Koreaner können kein R
sprechen.

Wirklich nicht?

Hier soll endlich mit einem Vorurteil aufgeräumt werden:
Koreaner können sehr wohl ein R sprechen, wie man schnell
feststellt, wenn sie zum Beispiel „Korea" sagen. Bei genauem
Hinhören ist da ein R, das ein wenig an das rollende bayrische
R erinnert. Sie sagen „Korea" und keinesfalls „Kolea".

Warum sagen sie dann „Ploblem" statt „Problem"? Aus
zwei Gründen: Zum einen kennen sie das Wort „Problem"
nicht vom Hören, so wie das Wort „Korea", sondern nur vom
Lesen. Und niemand hat ihnen gesagt, wie man das Wort korrekt ausspricht. Zum anderen haben sie keinen Buchstaben
für das R, so daß dieser Buchstabe bei der Übertragung als
L dargestellt wird und nicht mehr vom eigentlichen L unterschieden werden kann. Bei der Entwicklung der koreanischen

Schriftsprache vor einigen hundert Jahren wurde versäumt, den kleinen Unterschied zwischen dem echten L und dem angerollten R zu unterscheiden. Ein folgenschweres Versäumnis, denn in koreanischen Schulen liegt beim Fremdsprachenunterricht das Schwergewicht im Schriftlichen, das Sprechen wird nicht geübt, und so wissen die Schüler, Studenten und selbst Lehrer in der Regel nicht, wie ein Wort korrekt auszusprechen ist. Die Ursache liegt also auch in den Lehrplänen, keinesfalls in anatomischen Unzulänglichkeiten.

Anders sieht es beim F, beim V und beim W aus. Diese Laute gibt es in der koreanischen Sprache nicht. Am ehesten kommen hier die Substitionen B oder P in Betracht. Was ist also eine „läpischon"? Lösung: Wir ersetzen zunächst das l durch ein r, damit erhalten wir „räpischon". Und nun tauschen wir das p gegen ein w oder ein f oder ein v aus: räwischon? räfischon? rävischon? Ja! „Revision"!

Jetzt erkennen wir Wörter wie zum Beispiel „pischön" mühelos als „vision", „pollod" als „followed", „popomins" als „performance" und so weiter. Spezialausdrücke wie „Sischimabity" erschließen sich allerdings auch nach jahrelangem Aufenthalt in Korea erst auf Nachfrage: „Wie bitte? Können Sie das mal hinschreiben?" Und dann muß man eben lernen: „6 Sigma activity".

Auch bei einer Abkürzung kann man leicht ins Schwimmen geraten: *Halla Climate Control*, ein großer Zulieferer der Automobilindustrie, wird nicht etwa „HCC" abgekürzt, sondern „HCCC". Wo das dritte C herkommt? Das H wird „ätsche" gesprochen, mit einem deutlichen „e" am Ende, und so wird aus dem „Ätscheschischi" ein „Ätschischischi".

Allergrößte Vorsicht ist bei dem Wort „copi" geboten, denn man weiß nicht, ob das Ursprungswort „copy" hieß oder „coffee". Wenn man also der Sekretärin ein Blatt reicht und sagt „Make me a copy, please", kann es durchaus sein, daß sie

Ihnen nach kurzer Zeit einen dampfenden Kaffee serviert und Sie die Kopie selber machen müssen.

Richtig interessant wird es aber erst, wenn ein übersetztes koreanisches Wort ins Koreanische rückübersetzt wird. Nehmen wir zur Erläuterung des Problems ein Beispiel zunächst aus der deutschen Sprache: Ein waschechter Pfälzer wird das Wort „Pfalz" in „Palz" verwandeln. Hernach, wenn er das Wort wieder ins Hochdeutsche übertragen will, fügt er das f wieder ein. Kein Problem. Wie aber wenn er das Wort „Reifenpanne" ins Hochdeutsche übertragen will? Wird da „Reifenpfanne" draus? Natürlich nicht, aber woher soll das der Pfälzer wissen?

Ein Mr. Lee kann der Durchschnittlichkeit seines Namens auf der englischen Seite seiner Visitenkarte dadurch entfliehen, daß er behauptet, sein Name sei eine falsche Rückübertragung: Ab sofort nennt er sich Mr. Rhee. Und alle Welt wird ihn ab sofort Mr. Rhee nennen, mit einem richtigen R. Auch die Koreaner. Der koreanischen Meldebehörde braucht er das nicht mitzuteilen, denn Mr. Rhee schreibt sich im Koreanischen nach wie vor mit L: „Lee".

Aber ich fragte sicherheitshalber Hee-Seon:

„Kürzlich las ich in der Zeitung von einem Mr. Rhee. Kann es sein, daß er eigentlich Mr. Lee heißt oder hieß?"

„Möglich," sagte sie, „er kann aber auch Mr. I heißen."

„???"

„Ist doch ganz einfach: Es kommt auf die Aussprache an. Ein normaler Mr. Lee heißt – koreanisch ausgesprochen – Mr. I oder Yi. Üblicherweise wird auf der englischen Seite seiner Visitenkarte dafür ‚Lee' geschrieben. Es gibt aber auch Leute, die heißen – ebenfalls koreanisch ausgesprochen – Mr. Li, wie der nordkoreanische Präsident. Die kann man nicht ebenfalls mit ‚Lee' übersetzen."

„Warum nicht? Es hört sich doch völlig gleich an."

„Es hört sich absolut nicht gleich an, aber ihr Togils hört den Unterschied nicht. Ein Li ist nicht dasselbe wie ein I. Man schreibt also Rhee. Und die Nordkoreaner machen es ohnehin anders."

„Danke für die Auskunft," sagte ich, „aber erwarte bitte kein ‚Aha' von mir."

„Das habe ich von dir auch nicht erwartet."

Wo hatte sie jetzt die Betonung hingelegt – auf „das" oder auf „dir"?

지하 주차장 Die Tiefgarage

Während der Entstehungsgeschichte der Fuzzy-Logik tauchte irgendwo die Frage auf: Wie lang ist die Küste Englands? Bei einigem Nachdenken wird man sich bewußt, wie schwierig das zu beantworten ist, denn die Antwort hängt davon ab, wie genau man die Küste vermißt. Man kann das Ergebnis nahezu beliebig groß machen, ohne zu lügen. Auf Korea übertragen kann man dieselbe Frage stellen – bei den Tausenden von Inseln und Inselchen ist sie noch schwieriger zu beantworten. Aber ich will nicht langweilen, sondern die Fuzzyfrage sozusagen senkrecht stellen: Wie viele Kilometer Tiefgarage hat Korea?

Zunächst möchte ich die Frage erörtern, was überhaupt eine Tiefgarage ist. Das ist ebenso schwierig zu beantworten wie die Frage, was eine Höhle ist. Kürzlich saß ein amerikanischer Wissenschaftler neben mir am Stammtisch in der „Olive" von Daejeon in der 51. Straße und behauptete, Tennessee habe die meisten Höhlen der Welt, nämlich über fünftausend. Vielleicht könne Jugoslawien da mithalten, aber wo eigentlich sei Jugoslawien? Derartige Arroganz kitzelte meinen Widerspruchsgeist, und ich meinte, die Anzahl der Höhlen hänge sicherlich davon ab, was man als Höhle definiere. Wo genau ist der Übergang vom Mauseloch zur Höhle? „It's an interesting question!" meinte der Ami, und dann definierte er, eine Höhle sei mindestens fünfzehn Meter lang oder tief, und ein Mensch müsse hineinpassen. Nun ja, sicherlich ist diese Definition so gewählt, daß Tennessee gut abschneidet.

Ich gönne es den Leuten und unterstreiche meine Großzügigkeit damit, daß ich die Definition sinngemäß auf koreanische Tiefgaragen übertrage: Eine Tiefgarage ist eine Tiefgarage, wenn sie mindestens ein Stockwerk tiefer liegt als das Erdgeschoß und wenn mindestens ein Hyundai *Sonata*, nämlich meiner, vollständig hineinpaßt.

Diese Bedingung war locker erfüllt, als ich gestern in die Tiefgarage des Kaufhauses „Galleria" (ja, es schreibt sich mit zwei l) hineinfuhr. Bereits außen, weit vor der eigentlichen Einfahrt, wurde der Verkehr von etwa fünf jungen, adrett uniformierten Koreanern säuberlich aufgeteilt in Teilnehmer, die offenbar in die Tiefgarage wollten und solche, die es vorzogen vorbeizufahren. Ich gehörte zur ersten Gruppe und wurde nach der Vorsortierung von einer Ballerina mit unwahrscheinlich gelenkigen Händen in die linke Einfahrt gewunken. Meinen Versuch, sie zu fotografieren, mußte ich auf später verschieben, denn die Effizienz, mit der ich in den Konsumtempel geschleust wurde, ließ mir keine Zeit, die Kamera einzustellen.

Von nun an ging's bergab. Das erste Untergeschoß oder Basement, kurz B1 genannt, war schon voll. Damit niemand auf die Idee kam, hier trotzdem nach einem Parkplatz zu suchen, war die Abzweigung durch Barrieren versperrt. Zusätzlich war hier ein relativ junger Koreaner postiert, der überaus freundlich die Fahrzeuge weiter in die Tiefe winkte. Die Umkehr war jetzt nicht mehr möglich.

In B2 war die gleiche Situation. Besetzt. Weiter nach unten fahren. Der Koreaner, übrigens jetzt ohne Hut, sah irgendwie älter aus.

In B3, B4 und B5 war es nicht anders. Lediglich die jeweiligen Koreaner wirkten ungewohnt alt.

Überaschung in B6: Ich wurde hineingewunken. Der greise Koreaner hob sein Handy und meldete meine Ankunft. Ich

folgte langsam den Pfeilen auf dem Boden, bis mich ein ver-
schrumpeltes Wesen irgendwo am Ende eines Ganges in eine
wahnsinnig enge Parklücke winkte. Als ich nach etlichem Vor-
Rück-Kurbel-Fluch ausstieg, stellte ich fest, daß ich auf einer
Hebebühne stand und schleunigst festen Boden unter den
Füßen haben sollte, denn mein *Sonata* hing bereits in dem
Hochregal-Lager unter der Decke. Ich sprang also gerade noch
rechtzeitig herab, was der Hutzelmann mit breitem, zahnlo-
sen Grinsen lobte. Dann zeigte er mir den Weg nach oben:
Dahinten, Glastür, Rolltreppe, ganz einfach.

Ich schaute mir die Beschriftung meines Parkplatzes an.
B6F23A17. Vielleicht sollte ich mir das aufschreiben, aber
mein Schreibzeug war im *Sonata*, der *Sonata* war unerreichbar.
Sollte ich ihn nur wegen eines Kulis und eines Fetzen Papiers
zurückrufen? Lächerlich. B6F32A17 kann ich mir merken.

Ich ging mit federnden Schritten in die gewiesene Richtung, schließlich bin ich noch keine 60 Jahre alt, und erledigte
in kürzester Zeit meine Einkäufe. Leider hatte ich, wie gesagt,
meinen Zettel nicht dabei, auf dem ich mir notiert hatte, was
ich hier eigentlich wollte. So kam es, daß ich mich mit relativ
gewichtigem Einkaufswagen und um einige Hunderttausend
Won ärmer in einem der fuzzy-gesteuerten Fahrstühle wieder-
fand, der geradewegs nach unten fuhr. Ich programmierte auf
einem der mehrfach vorhandenen Knopfklaviere das tiefst-
mögliche Basement 5. Die anderen Koreaner und Koreanerinnen waren damit einverstanden, denn sie wollten offenbar
selber dorthin.

War es nicht B6 gewesen? Komisch. Ich hätte schwören
können, daß mein *Sonata* auf B6F32A71 stand, aber der Fahrstuhl bewies mir, daß es B6 gar nicht gab. Ich mußte mich
getäuscht haben.

In B5 war die Hölle los. Eine Menge Koreaner – was die

Leute nur für einen Mist kaufen – schob ihre riesigen Einkaufswagen hin und her. Ich hatte Mühe, mich zu B5F23A71 vorzukämpfen. Als ich endlich dort ankam, war mein *Sonata* nicht da, er war weg, er war gestohlen, oh Scheiße.

Verdächtig war, daß es hier kein Hochregallager für die Autos gab, sondern nur normale Parkplätze, und ich vermißte auch das Hutzelmännchen. So schnell ist doch kein Schichtwechsel, dachte ich, und, bei allem Respekt vor der Bauwut, so schnell reißen die Koreaner kein Hochregallager für PKWs ab, die reißen überhaupt nix ab, eher fällt es von allein zusammen, irgendwie bin ich hier falsch. Vielleicht war B5F23A71 nicht richtig? War es eventuell B5F23A17 gewesen?

Ich sah mich um. A71 war hier, A70 da drüben. Der Sektor A17 mußte logischerweise irgendwo in dieser Richtung liegen. Ich schob also meinen idiotisch bepackten Einkaufswagen in die mit meiner Intelligenz ermittelten Richtung. Schon imposant, wie groß und weiträumig die Tiefgaragen waren. Hier war noch jede Menge Platz. Vermutlich war ich in einem Bereich, der kürzlich erst eröffnet worden war. Gleich hier links um die Ecke mußte mein *Sonata* stehen, ach ja, vielleicht doch nicht, aber bestimmt einen Sektor weiter. Oder eher der nächste?

In diesem Bereich war es etwas stiller, eine wirkliche Erleichterung.

Auffallend war allerdings das Schild „For Employees only", das quer über dem Weg hing. Das war, meinte ich mich mit Bestimmtheit zu erinnern, vor sieben Stunden noch nicht da gewesen. Nun ja, vielleicht hatte ich es übersehen, es war ja schon spät, eigentlich sollte ich ins Bett.

Das Anschieben des Einkaufswagens fiel mir zunehmend schwerer. Nur nicht anhalten, den Schwung immer ausnutzen, besonders an den leichten Gefällstrecken, die hin und wieder das Vorwärtskommen erleichterten. A17 sollte nun bald zu sehen sein, aber die Benummerung der Deckenstützen hatte irgendwann aufgehört. Merkwürdig, daß hier keine Autos standen, die waren doch noch nicht alle weggefahren? Im Gegenteil, auf dem Boden fehlten jegliche Reifenspuren – hier war noch nie ein Auto gewesen! Und menschenleer war es.

Ich rief „Hallo!", dann nochmals „HAAAALLLO!"

Die Stille war beklemmend. Nur keine Panik! Ich befand mich mitten in einem zivilisierten Land, mit einer erdrückenden Überbevölkerung, 40 Millionen auf einer Fläche so groß wie Österreich. Die konnten unmöglich verschwunden sein. Also nur die Ruhe. Außerdem habe ich hier zwanzig Dosen Bier, eine Tüte mit tiefgefrorenen Mandus, einer Art koreanischer Maultaschen, naja, jetzt waren sie vielleicht schon am Auftauen. Jedenfalls würde ich nicht verhungern und nicht verdursten. Leise pfeifen.

Da. Da! Ist es denn die Möglichkeit? Ein Mensch! Ein leibhaftiger, lebendiger Mensch!

Ich kannte den Mann zwar nicht, aber wir rannten aufeinander zu, fielen uns in die Arme, lachten, und Tränen der Freude strömten über unsere Wangen. Die Situation erlaubte uns diese Vertraulichkeit auch ohne vorherigen Tausch der Visitenkarten.

„Sie wissen bestimmt, wo der Ausgang ist," schluchzte ich und wischte mir die Augen.

Er ließ mich augenblicklich los und sah mich in bodenloser Enttäuschung an: „Ich? Nein, leider nicht. Ich hatte gehofft, Sie wüßten es."

„Nein. Ich leider auch nicht."

Er griff sich eine Dose Bier aus meinem Einkaufswagen, knackte den Verschluß und nahm einen tiefen Schluck: „Hier verlaufen sich viele. Gleich um die Ecke sind noch mehr. Alles

Verlaufene. Mit dem Handy kann man nichts anfangen, aber einer hatte einen PC in seinem Einkaufswagen, und wir haben eine Telefonsteckdose entdeckt. Die Mailverbindung zur Kaufhausleitung steht. Das Management will Hilfe schicken."

„Oh, dann kann es bestimmt nicht mehr lange dauern."

„Wir sind da nicht so sicher, denn wir befinden uns längst nicht mehr unter dem Galleria."

„Nicht mehr unter dem Galleria? Wo denn sonst?"

„Sie vermuten uns unter dem Trinkwasserreservoir für Daejeon, dem Taedok-Dam."

Ich fühlte, wie mir die Beine weich wurden. Dann griff ich in meinen Einkaufswagen, suchte und fand ein Fläschchen Soju, schraubte den Deckel ab und trank die Hälfte aus.

„Auch du mein Schreck! Der ist doch mindestens fünfzehn Kilometer außerhalb von Daejeon."

„Ja," sagte mein Gegenüber. „Die Kaufhausleitung meinte, sie haben nur Baupläne bis zum Highway No. 1, und die anschließenden Pläne für ganz Korea müßten sie in Seoul besorgen."

„Tiefgaragenpläne für ganz Korea?!" fragte ich ungläubig.

„Ja doch! Ganz Korea steht auf einer einzigen großen Tiefgarage. Wußten Sie das nicht?"

Ein tiefes Schluchzen schüttelte mich. Langsam setzten wir uns in Bewegung.*

---

* Die Gruppe der verlorenen Galleria-Kunden wurde siebzehn Stunden später gerettet. Alle Betroffenen befinden sich in bester Verfassung.

희선이가 아파요.

Hee-Seon ist krank

Hee-Seon Kim ist meine Sekretärin. Genauer: meine Assistentin. Sie ist neunundzwanzig Jahre alt, ungefähr einhundert-
fünfundfünfzig zierliche Zentimeter groß, und sie hat in Seoul
Germanistik studiert. Zugegeben, ein Germanistikstudium in
Seoul ist nicht vergleichbar mit einem Germanistikstudium in
Heidelberg, aber immerhin war sie so erfolgreich, daß wir sie
vor ungefähr vier Wochen eingestellt haben. Im Interview war
sie um Längen besser als alle Mitbewerberinnen, die ebenfalls in Seoul Germanistik studiert, dabei aber wohl mehr
Anwesenheitsbescheinigungen im Studienbuch als Vokabeln
im Kopf gesammelt hatten. Hee-Seon hingegen konnte richtig gut, nahezu akzentfrei deutsch sprechen. Wie sie mir
später erzählte, hat sie zum Beispiel das „r" stundenlang vor
dem Spiegel mit Wasser im Mund geübt, wie beim Gurgeln:
„Rrrrrrrrrrrrrrrrrrrrrr".

Ich fragte Hee-Seon beim Einstellungsgespräch, wie oft
sie schon in Deutschland gewesen sei. Unser President, ein
Koreaner, fragte sie, wie lange sie ohne Schlaf auskäme. Hee-
Seon ließ sich aber nicht beirren und beantwortete alle Fragen
wahrheitsgemäß: In Deutschland sei sie schon oft gewesen,
vielleicht zehnmal, ein Lächeln zu mir, und sie würde nie eher
nach Hause gehen als ihr Chef, sitzende Verbeugung zum Präsidenten. Wir haben uns dann sehr schnell für sie entschieden, obwohl der President meinte, sie sei mit 29 schon recht
alt und daher bald verheiratet und schwanger. Das Argument
war nicht von der Hand zu weisen, zumal Hee-Seon hübsch

ist, aber die anderen Bewerberinnen verstanden nicht mal meine auf deutsch gestellten Fragen.

Völlig offen ist jetzt, ob Hee-Seon morgen im Bett bleiben darf, weil sie erkältet ist und fiebert. Sie hat nämlich nach vier Wochen erst zwei Tage Urlaubsanspruch, und einen Tag hat sie schon als Urlaub genommen, den anderen als Urlaubskrankheitstag, aber nun sei sie immer noch krank, sagte sie mir vorhin am Telefon, und ein Kollege hätte sie eben angerufen und gemeint, sie käme morgen besser in die Firma, sonst würde ihr der dritte und jeder folgende Fehltag vom Gehalt abgezogen.

Da ich die koreanischen Betriebsvereinbarungen noch nicht kenne, rufe ich den ersten Mann in der zweiten Reihe an, den Deutschen Herrn Mileke. Der erklärt mir, ohne zu stottern, er mische sich in die koreanischen Angelegenheiten nicht ein. Ich erwidere, wenn man sich in die koreanischen Angelegenheiten nicht einmischt, braucht man erst gar nicht nach Korea zu gehen. Schon richtig, meint Herr Mileke, aber er habe die Erfahrung gemacht, daß das an dieser Stelle nichts bringe. Er habe schon Koreanerinnen bewegungslos, das heißt halb tot, tagelang am Schreibtisch sitzen sehen, und auf seine Frage, was denn mit der da sei, habe man ihm erklärt, sie sei krank und hätte keinen Urlaub mehr. Und im übrigen ...

„Was im übrigen?" frage ich.

„Es ist unüblich, daß eine Sekretärin mit ihrem Chef gemeinsam zum Mittagessen in die Kantine geht."

„Ja, wieso denn nicht?" Ich kann meinen aufsteigenden Unmut nicht ganz verbergen.

„Beobachten Sie doch mal, wie die anderen zum Essen gehen," erklärt er mir. „Zuerst gehen die Sekretärinnen, fünf Minuten später die Manager, und nochmal fünf Minuten später der President und die Direktoren, die sich dann vielleicht zu den Managern setzen."

Ich bin platt.

„Offenbar habe ich noch viel zu lernen," sage ich wenig selbstbewußt.

„Sie haben ja auch noch viel Zeit dazu," sagt er gnädig.

Mir ist klar, daß ich bei Herrn Mileke keine große Unterstützung für Hee-Seon bekomme. Er ist koreanischer als die Koreaner. Also rufe ich Frank an. Er ist ebenfalls Deutscher und hat, so wie ich, eine „germanistische" Sekretärin. Frank ist aber nur *General Manager*, hat also nicht so viel zu sagen wie der Herr Direktor mit Prokura Mileke. Außerdem ist er nur für die Technik zuständig, nicht für die Politik. Aufgrund seiner wesentlich geringeren Verantwortung ist Frank dafür erheblich pragmatischer.

„Ist doch kein Problem," sagt er mir, „laß sie bis mittags kommen und schicke sie dann mit irgendeinem Auftrag nach Hause. Kontrolliert doch niemand, ob der Auftrag echt ist."

Franks Idee gefällt mir besser als die Vorstellung, Hee-Seon morgen blutspuckend und röchelnd über ihrem Schreibtisch zusammenbrechen zu sehen.

Ich rufe sie zu Hause an und sage: „Also, ich habe mich ein bißchen umgehört. Du kommst morgen besser in die Firma, wenn du irgend kannst, und nach dem Mittagessen schicke ich dich mit einem Auftrag nach Hause."

Sie ist zwar krank, aber doch nicht so sehr, um nicht mehr denken zu können.

„Morgen Mittag fährt kein Bus nach Daejeon. Wie soll das funktionieren?"

Sie fragt nicht ‚kannst du mich nicht fahren?', sondern ‚wie soll das funktionieren?'. Schlau. Ich bin für dieses Land möglicherweise zu gutmütig.

„Also gut, ich fahre dich."

„Und danach willst du wieder in die Firma?"

„Selbstverständlich."

„Dann komme ich morgen."

Am nächsten Tag, also heute, sitzt Hee-Seon tatsächlich bereits am Schreibtisch, als ich ins Büro komme. Wenn sie sich nicht beobachtet fühlt, stützt sie ihren Kopf auf und stiert bewegungslos ins Leere. Ich kann ohne sie nicht viel von dem erledigen, was ich mir vorgenommen hatte, denn sie ist sozusagen das Interface zwischen den Koreanern und mir. Ich ordne Unterlagen, schreibe ein paar unnötige E-Mails. Scheiße aber auch. Die Stunden kriechen bis zum Mittagessen dahin.

Endlich ist es 12 Uhr 15. Durch Hee-Seon geht ein Ruck.

„Gehen wir essen?" strahlt sie mich an.

Oh. Dieses Biest, denke ich, aber im nächsten Moment sitzt sie wieder dumpf da.

„Gut, gehen wir."

Diesmal achte ich darauf, welche Sekretärin bei wem sitzt, welcher Direktor bei welchem Manager, wer neben wem. Es ist eindeutig alles Käse, was mir Herr Mileke erzählt hat. Es stimmt zwar, daß Frauen und Männer nicht völlig gleichmäßig verteilt sitzen, aber das tun sie in Deutschland ja auch nicht. Ich denke, Herr Mileke will nur Karriere machen und hütet sich davor, irgendwo anzuecken. Stromlinienförmig an die Spitze.

Nach dem Essen gehen wir zurück ins Büro. Unterwegs treffe ich T.H. Kim, ja, der vom Uhdong-Essen, und ich erwähne beiläufig, daß ich in Daejeon etwas zu erledigen habe und daß mich Hee-Seon begleiten muß.

„It's okay, Sir," sagt er, womit er nicht sagen will, daß er einverstanden ist, sondern daß er meine Botschaft verstanden hat.

Hee-Seon und ich fahren langsam zurück nach Daejeon.

„Versprich mir, daß du dich gleich ins Bett legst und auskurierst," sage ich väterlich.

„Zuerst muß ich zum Arzt," entgegnet sie.

„Okay, aber dann."

„Ja".

„Du mußt sagen ‚Ja, Papa'".

Hee-Seon sagt nichts. Ich schaue zu ihr rüber. Sie starrt ins Leere.

은행 비밀 번호

Bankgeheimnis

Wenn man als Ausländer in Korea Geld verdienen will, braucht man nicht nur unzählige Unterlagen wie Reisepaß, Visum, Vertrag, Diplom-Urkunde, Lebenslauf, Meldebescheinigung, Paßfotos und den Nachweis, daß man „Erfahrungsträger" ist, sondern vor allem braucht man ein Konto für das Ansammeln der Unsummen, die man hier zu verdienen gedenkt. Und natürlich eine Bankomatkarte, um die Unsummen abzuheben und ausgeben zu können. Um in den Genuß einer Bankomatkarte zu kommen, muß man einen Antrag ausfüllen. Weil dieser Antrag rein koreanisch abgefaßt ist, braucht man jemanden, der einem dabei hilft. Am besten eine Vertrauensperson wie zum Beispiel T.H. Kim.

Irgendwann in den ersten Tagen meines Hierseins saßen wir in der Personalabteilung und füllten den Antrag aus. Mein Name wurde ins Koreanische übersetzt. Da eine Silbe nicht mit dem Konsonanten s enden kann, muß ein Vokal künstlich angehängt werden, falls keiner da ist. Nach diesen Regeln wurde aus „Jonas" der Vorname „Io-nasse" konstruiert. Dann kam der Nachname dran: „Lai". Na also, geht doch.

„Und hier bitte Ihren Pincode eintragen."

Wieso muß ich den Pincode eintragen? Dann kennt ihn der Bearbeiter ja!

Nach einiger Diskussion sehe ich ein: Ohne Pincode im Antrag bekomme ich keine Bankomatkarte. Ich denke, die Übertragung meiner deutschen Wertvorstellungen auf Korea gleicht der Quadratur des Kreises. Man kommt dabei wahrscheinlich um die Zahl Pi nicht herum. Ich wähle daher als Pincode die Ziffernfolge 3141, und ich schreibe die Ziffern für 1 mit einem gut sichtbaren Aufstrich, richtig deutsch.

„Also 3747," sagt der Sachbearbeiter.

„Nein," entgegne ich, „3141".

Der Sachbearbeiter zeigt meinen Antrag einem Kollegen: „Ist das hier eine 1 oder eine 7?"

„Eine 7, ganz klar."

Und dann zu T.H. Kim: „7 oder 1?"

T.H. Kim weiß, was sich gehört.

„Sorry, I need my specs."

„Also, Mr. Io-nasse Lai, wollen Sie hier und hier eine 7 oder eine 1?"

„Eine 1".

„Er will eine 1," ruft er seinem Kollegen zu, und dann streicht er meine 1 durch und schreibt seine 1 ohne Aufstrich.

Wenige Tage später erhalte ich meine Bankomatkarte von T.H. Kim, der so freundlich war, sie bei der Personalabteilung abzuholen und mir zu bringen. Ich bin selig und will sofort Geld abheben, denn das deutsche Geld, das ich für die Übergangszeit mitgebracht hatte, ist bereits vollständig in Won umgetauscht und großteils ausgegeben.

T.H. Kim hilft mir. Er begleitet mich zum Bankomaten, der in der Firma im ersten Stock in der Raucherecke steht.

„You insert your card like this," sagt er und schiebt meine Karte in den Schlitz. Das hätte ich auch gekonnt.

„And now you choose this," und er tippt mit dem Finger auf einige koreanische Schriftzeichen. Das Display zeigt jetzt eine Tastatur zur Eingabe meines Pincodes. T.H. Kim steht neben mir und schaut auf meine Finger.

„Would you please let me do it alone?" frage ich etwas gereizt.

T.H. Kim ist gelassen. Er kennt meinen Pincode ja längst.

„Of course," grinst er.

Ich gebe meinen Pincode ein. Dann erscheint ein neues Fenster, mit dem ich nichts anfangen kann. Es bleibt mir nichts anderes übrig, als T.H. Kim um Hilfe zu bitten.

„Ah," sagt er, „now you choose the amount."

Ich bin ratlos.

„Here you get 100.000 Won, here 600.000 Won."

Ich kapiere. Man muß nur die Anzahl der 10.000-Won-Scheine wählen.

Ich will wählen, T.H. Kim steht neben mir und schaut auf meine Finger.

„Would you please let me do it alone?" frage ich etwas gereizt.

T.H. Kim bleibt gelassen. Er dreht sich um. Ich wähle 50 Scheine, also rund 1000 Mark. Der Bankomat rattert, spuckt einen koreanisch bedruckten Zettel aus und piept.

„And now?" Ganz ruhig bleiben.

T.H. Kim zieht den Zettel aus dem Fach und liest ihn.

„Now you will get 500.000 Won and your account shows 6.5 Million Won after this."

Oh heiliger Adam Smith, bleibt denn gar nichts vertraulich? Der Bankomat rattert, meine Bankomatkarte wird ausgespuckt, ein Fach springt auf, das Geld liegt vor mir.

T.H. Kim schaut diskret zur Seite. Er weiß ja, was sich gehört.

Einige Monate später will ich Geld nach Deutschland überweisen. Inzwischen habe ich Erfahrung und möchte, daß es vertraulich bleibt. Ich fahre also, nachdem ich meine Assistentin Hee-Seon beim Arzt abgesetzt habe, direkt zum Headoffice der Bank. Um an einen Schalter zu kommen, muß ich einen koreanischen Antrag ausfüllen.

Der Wachmann hilft mir: „Hi-ä, Pinkott!" Ah ja, hier also den Pincode eintragen. Ich weiß, was sich gehört.

„Ante hi-ä: Hauä matsch?"

Ich trage vorsichtshalber 4 Millionen ein, also rund achttausend Mark. Er trägt den Antrag zum nächst freien Schalter. Der Sachbearbeiter liest und erkennt, daß der Antrag eine Nummer zu groß für seine Kompetenz ist. Ein Togil, also ein Deutscher, will Geld außer Landes schaffen. Darf der das? Das muß hinter den Kulissen verhandelt werden. Ich werde nach hinten geführt. Ein Bankmensch, der sichtlich kompetenter ist, fragt mich aus. Ich lege alles vor, was man meiner Meinung nach in Korea dazu braucht: Verdienstbescheinigung, Reisepaß, Sparbuch, Bankomatkarte, Fotos meiner Familie, Führerschein, SOS-Notfallkarte, Karte des Optikers über die Stärke meiner Brillengläser. Er macht von allem eine Kopie.

Es ist nicht genug.

„I need the phonenumber of your company," sagte er, und zum Glück habe ich die griffbereit. Dann wählt er die Nummer und redet und redet und lacht und redet. Nach einer halben Stunde legt er endlich auf.

„Sorry for the delay," sagte er, und dann geht alles sehr schnell. In spätestens drei Tagen hätte ich das Geld auf meinem Konto in Deutschland, sagt er. Erleichtert fahre ich zurück in die Firma. Na also. Geht doch.

T.H. Kim begegnet mir auf dem Gang.

„You should go to the personal department because of the remittance of 4 Millions to Germany," sagt er.

Ich denke, ich sollte mir nächstens Hemden kaufen, bei denen nicht so schnell die Knöpfe abspringen, wenn ich einen dicken Hals bekomme.

한국 귀신

Ein koreanischer Geist

Ich dachte immer, man könne sich darüber streiten, ob es Geister gibt. Seit heute denke ich anders darüber, denn seit heute weiß ich, daß es sie gibt. Ich habe einen gesehen, auf meinem Bildschirm in der Firma: Merkwürdige Fragezeichen in den Betreffzeilen der E-Mails, die nach dem Öffnen lauter Hieroglyphen enthielten. Manche der Mails waren hinterlistig und verursachten den Absturz meines PC.

Es dauerte nicht lange, bis unsere effiziente und äußerst zuvorkommende Abteilung für Informationsverarbeitung herausgefunden hatte, daß diese Geister-E-Mails natürlich nicht von einem Geist stammten, sondern von konkreten, benennbaren, lebenden Personen, meist in der Personalabteilung sitzend und sich wegen rudimentärer Englischkenntnisse der koreanischen Sprache und Schriftzeichen bedienend, die auf allen englisch konfigurierten PCs den oben genannten Ärger verursachten, also auf den PCs der Deutschen. Nur da. Und die wehrten sich immer wieder dagegen, im Verteiler „all" enthalten zu sein, denn bei jedem Rundschreiben des Presidenten oder eines uneinsichtigen Mitarbeiters der Personalabteilung mußten die Deutschen die E-Mail ungelesen ins Nirwana schicken, wenn sie keinen PC-Absturz riskieren wollten.

Gestern schrieb mein Kollege Frank wieder mal einen erbosten Brief an den Absender zurück und forderte ihn auf, im Falle „all" die Deutschen nicht zu ignorieren und sich bitte(!) der englischen Sprache zu bedienen, denn die Deutschen wollten ja auch wissen, was sonst alle wissen, und wir seien nun mal in einer deutschen und erklärtermaßen zweisprachigen Firma.

Die Reaktion des angesprochenen Koreaners war, daß er eine weitere Mail mit lauter Fragezeichen im Betreff abschickte. Ich öffnete die Mail (puh, kein Absturz), klickte „return to all" an und schrieb meine Message:

„Aha."

Dabei hoffte ich, daß der Datenmüll bei den koreanischen Mitarbeitern als Müll im Quadrat ankommen möge. Kam er aber nicht. Leider wurde der Nonsens akkurat ins Koreanische rückübersetzt (der Ausruf „aha" heißt auf Koreanisch ebenso). Schade. Das war ein Schuß in den Ofen.

Trotzdem rief meine Antwortmail den koreanischen Geist wach. Die Intention meiner Aktion war sehr wohl verstanden worden, und ich hatte mit der Adressierung „all" nicht nur den Verursacher erreicht, sondern wirklich alle, also auch den Präsidenten. Und der ist die Achillesferse des koreanischen Geistes.

Die Vorstellung, daß der Präsident sein Löwenhaupt vom Mittagsschlaf erheben und nach der Ursache des Lärms fragen könnte, war den koreanischen Mitarbeitern schier unerträglich. Daher rief der Chef des unseligen Fragezeichenherolds, ein *Section-Manager*, sofort meine Assistentin Hee-Seon an, und er machte sie, während ich ahnungslos in einem Meeting saß, zur Schnecke:

„Was fällt Ihnen eigentlich ein, derartige Mails Ihres Chefs zuzulassen? Was soll das, den Präsidenten hineinzuziehen? Wie bunt wollen Sie's eigentlich noch treiben? Warum übersetzen Sie eine koreanische Mail nicht einfach für Ihren Chef?"

Hee-Seon war völlig aufgelöst, als ich von dem Meeting wiederkam.

„Also," sagt sie, „was du da mit deiner Mail an ‚return to all' gemacht hast, war nicht gut."

Und sie schaut mich mit einem merkwürdigen Lächeln an, von dem ich nun weiß: So lächelt sie in äußerstem Zorn.

Ich bin immer noch sauer auf den Personalmenschen und sage: „Hee-Seon, dies ist eine deutsche Firma, die nach deutschen Regeln arbeitet, mit deutschen Konstruktionen, mit deutschen Verfahren, deutschem Know-how. Und zweisprachig. In jedem Land dieser Erde, in dem wir vertreten sind, wird die jeweilige Landessprache und Englisch gesprochen und geschrieben. Es ist schlicht unakzeptabel, wenn die Koreaner die Anwesenheit der Deutschen ignorieren und so tun, als sei dies eine rein koreanische Firma."

„Es ist eine koreanische Firma," sagt Hee-Seon.

„Wie bitte? Oben auf dem Firmendach ist ein riesiges Schild unserer deutschen Mutter, hast du das schon mal gesehen?"

Hee-Seon wischt das Argument vom Tisch.

„Wenn hier fast sechshundert Koreaner arbeiten und nur fünf Deutsche, ist das eine koreanische Firma, die juristischen Aspekte mal außen vor. Als Herr Mileke kürzlich seine Ansprache hielt und sagte ‚Robert GmbH ist KMC, KMC ist Robert GmbH', haben sie in den hinteren Reihen gelacht!"

Sie sagte tatsächlich ‚die juristischen Aspekte mal außen vor'. Super.

„Vergiß die Rede von Herrn Mileke," entgegne ich, „die war politisch. Die mußte er so halten. Aber weißt du, was passieren würde, wenn die fünf Deutschen in dieser koreanischen Firma den Hammer fallenlassen?" Natürlich weiß Hee-Seon das nicht. Die Frage ist unfair. Ich ziehe sie zurück.

„In dieser Firma ist koreanischer Geist," sagt sie dann, „die Deutschen werden nur geduldet."

Ich bin platt. Das ist ein Schlag ins Gesicht. Ich sehe rot.

„Hee-Seon, Vorsicht. Ich denke, wir unterhalten uns beim Abendessen weiter."

Es ist 18 Uhr. Langsam schlendern wir zur Kantine. Es gibt geröstete Krabben, Kartoffelscheiben in Bierteig, Kimchi, Reis und Mandu-Suppe. Alles in unbegrenzten Mengen und kostenlos. Wir stochern beide lustlos mit den Chopsticks herum. Ein Koreaner mit Handy am Ohr und dem vollen Tablett in der Hand kommt vorbei.

Ich sage: „Es würde mir imponieren, wenn er das Handy mit seinen Chopsticks ans Ohr pressen würde. Das wäre ein Stück koreanische Kultur."

Hee-Seon lacht sich krumm. Wir können wieder normal miteinander reden.

Aber der Geist ist da. Er sitzt ziemlich fett zwischen uns.

명 함 Visitenkarten

Ich habe nichts gegen Visitenkarten, wieso auch. Im Gegenteil – ohne Visitenkarte ist man in Korea ein Niemand, und
Visitenkarten sind ein absolutes Muß, wenn man in Korea
jemandem vorgestellt wird. Eine Visitenkarte hat für Koreaner
beinahe denselben Informationsgehalt wie bei uns der Paß,
die Geburtsurkunde, der Gehaltsauszug und der Lebenslauf
zusammen.

Es gibt nicht die geringste Entschuldigung dafür, keine
Visitenkarte dabei zu haben. Selbst als ich erst ein paar Tage
in Korea weilte und nur veraltete Visitenkarten aus Deutschland überreichen konnte, waren die Leute, die mir vorgestellt
wurden, dankbare Abnehmer. Mein Hinweis, daß auf den
Karten außer meinem Namen alles überholt sei, wurde vollständig ignoriert.

Ich bin lernfähig und habe schnell verinnerlicht, daß Visitenkarten jederzeit griffbereit sein müssen. Ich habe daher
überall welche deponiert. In den Brusttaschen aller Anzüge,
in allen Hosen, im Schreibtisch, auf dem Schreibtisch, in
der Brieftasche, in der Geldbörse, im Handschuhfach meines
Hyundai *Sonata*, auf dem Rand der Badewanne, unter dem
Kopfkissen ... man weiß ja nie.

Es dürfte nun verständlich sein, daß T.H. Kim sich nach
meiner Ankunft in Korea als erstes um meine Visitenkarten
kümmerte. Er überreichte mir zwei druckfrische Päckchen
mit je 100 Stück.

„Wie lange werden die reichen?" fragte ich unsicher.

„Och, nicht sehr lange," meinte er, „die erste Auflage ist meist falsch."

„Wieso sollte sie falsch sein?"

„Die erste Auflage ist immer falsch," präzisierte T.H. Kim.

Ich schaute mir eine Visitenkarte nun genau an und entdeckte tatsächlich zwei Fehler. Sie hatten aus meinem Paß den zweiten Vornamen direkt an den ersten gehängt. „Jonasheinz" stand da. Und in der Telefonnummer waren zwei Ziffern verdreht. Nein, das konnte ich nicht durchgehen lassen. Ich korrigierte die Karte und gab sie T.H. Kim. Er bestellte umgehend neue.

Als die beiden nächsten Päckchen kamen, hatte ich bereits an die fünfzig Karten mit den Druckfehlern verteilt. Ich fand das nicht weiter schlimm, denn mein Nachnahme war richtig, und die Leute, die mich beim Vornamen nannten, brauchten keine Karte von mir. Und wenn sie mich am Telefon nicht erreichten, würden sie mir eine E-Mail schicken. Abgesehen davon war es ein absolutes Muß, den Personen, die mir offiziell vorgestellt wurden, etwas zu überreichen, was zumindest wie eine Visitenkarte aussah.

Die zweite Auflage war auch falsch. Diesmal stimmte das Papier nicht. Mir wäre der Fehler gar nicht aufgefallen, aber T.H. Kim war erbost:

„Als Direktor steht Ihnen das elfenbeinfarbene, dickere Papier zu. Die Leute werden sich wundern, warum ein Direktor eine Visitenkarte auf so inadäquatem Papier hat."

Ich ließ ihn gewähren, denn T.H. Kim kennt die Gepflogenheiten dieses Landes. Ich tat sicherlich gut daran, mich auf seinen Rat zu verlassen.

Nach einigen Tagen überreichte er mir zwei Päckchen der dritten Auflage.

„Jetzt müßte es stimmen," lächelte er, und in der Tat – wir

hatten selbst nach peniblem Studium nichts zu bemängeln. Die Visitenkarten waren perfekt. Na also. Geht doch.

Etwa zwei Wochen später kam es in allen Zeitungen, im Fernsehen, im Radio und in einer Fragezeichen-E-Mail der Personalabteilung: Bei der Telefon-Vorwahl unseres Distriktes war die letzte Ziffer gestrichen worden. Die Korrektur von Hand ist für einen Direktor undenkbar, erklärte mir T.H. Kim.

Das war eine kleine Katastrophe für die Firma, denn nun waren nicht nur meine Visitenkarten auszutauschen, sondern die aller Mitarbeiter und Mitarbeiterinnen. Natürlich auch die Briefbögen, die vorgedruckten Umschläge, die Adreßdateien, die E-Mailunterschriften und so weiter und so fort. Nicht nur alle koreanischen Kontaktpersonen und Kunden mußten informiert werden, auch unsere Anlaufstellen in Deutschland, Japan, Belgien und sonstwo. Lästig. Sehr lästig so etwas. Ob die Telefongesellschaft wußte, was sie da tat?

Als die Aktion vorüber war und ich die vierte Visitenkartenauflage innerhalb von drei Monaten in den Händen hielt, schickte ich ein kleines Stoßgebet an meine Higher Power: „Jetzt ist genug. Sorge bitte mal für eine kleine Pause."

Mein Flehen wurde schlicht ignoriert. Vorgestern stand in der Zeitung, das Kultusministerium hätte endlich, nach jahrelangem Ringen mit verschiedenen Stellen, entschieden, wie die koreanischen Zeichen in lateinische zu konvertieren seien. Bisher waren alle Umschlüsselungen auf der Basis der englischen Sprache erfolgt, das heißt so, daß ein Engländer oder Amerikaner ein koreanisches Wort einigermaßen korrekt aussprechen würde. Die Stadt, in der ich lebe, wurde bislang „Taejon" geschrieben, weil im Englischen das „j" wie ein weiches, stimmhaftes „dsch" gesprochen wird, und weil das englische „T" ohnehin recht weich klingt.

Nicht weich genug für koreanische Ohren. Die künftige

Schreibweise ist „Daejeon". Und alle Straßenschilder auf den Autobahnen sind zu ändern, auch die Landkarten, die Flugpläne etc. etc., möglichst vor der Fußballweltmeisterschaft 2002. Es wird Milliarden kosten, egal in welcher Währung.

Auch meine Visitenkarten waren betroffen.

„Wieso Daejeon? Was soll das ‚e' hinter dem ‚j'?" fragte ich Hee-Seon, sie hatte schließlich Germanistik studiert und nun von T.H. Kim den Fulltime-Job der Visitenkarten-Nachbestellungen übernommen.

„Ist doch logisch," sagte sie, „ein e vor dem o kennzeichnet das kurze o, während ein o ohne e wie das deutsche oh gesprochen wird."

„Liebe Zeit, man muß doch nicht jede Nuance schriftlich ausdrücken. Im Deutschen werden diese beiden o schriftlich nicht unterschieden. Das o in ‚Jonas' sieht schriftlich genau so aus wie das o in ‚Tom'. Wenn wir so penibel wären wie Ihr, müßten wir den Namen Tom nun ‚Teom' schreiben."

Hee-Seon war pragmatisch wie immer.

„Für mich ändert sich nichts. Und jetzt unterschreibe bitte die Bestellung der neuen Visitenkarten. Immerhin ändern sich auf deiner Karte mindestens acht Worte auf der englischen Seite."

Sie schob mir die Bestellung über den Tisch. Ich mußte abgrundtief seufzen, während ich unterschrieb. Klappe: Visitenkarte die fünfte. Die Anzahl der Änderungen war diesmal so hoch, daß die Druckerei sicherlich neue Fehler einbauen würde. Aber so, wie ich Herrn Mileke kannte, hatte der die Kosten in irgendeinem Budget eingeplant. Ich beschloß, das alles nicht mein Problem sein zu lassen außer dem, daß sich mein Schreibtisch weigerte, noch ein einziges zusätzliches Päckchen mit ungültigen Visitenkarten aufzunehmen; und dem, daß ich nicht mehr genau wußte, wie viele Visitenkarten ich brauchte, um alle Lager und Lägerchen auf den neuesten

Stand zu bringen. Ob dreitausend reichen? Und wo, um Himmels willen, waren diese Lager und Lägerchen? Ich sollte eine Datei anlegen, denn nichts ist peinlicher, als einer hochgestellten koreanischen Persönlichkeit eine veraltete Visitenkarte zu überreichen, mit der rechten Hand natürlich, die Linke achtungsvoll unter dem rechten Oberarm. Ich könnte im Boden versinken vor Scham ob des fehlenden Punktes in meiner E-Mailadresse.

Aber jetzt weiß ich wenigstens, wie ich derartige Situationen künftig meistern kann. Kürzlich war ich zufällig dabei, wie Hee-Seon ihre Visitenkarte einem Besucher übergab. Hee-Seon ist erst bei der vierten Auflage in zwei Wochen. Sie sagte zu dem Gast: „Hier ist meine Visitenkarte. Betaversion."

한국의 여성

Koreanische Weiblichkeit

Ich bin ein Mann. Als solcher habe ich naturgemäß einen Blick für Frauen, mehr oder minder flackernd. In diesem Lesehäppchen möchte ich nun die koreanischen Frauen beschreiben, genauer gesagt die ganze koreanische Weiblichkeit, und, so weit möglich und berechtigt, auch würdigen und loben. Dieses Unterfangen ist ein wenig pikant, denn einerseits liebe ich die Frauen, andererseits habe ich mich entschlossen, meine koreanische Zeit frauenlos zu genießen. Das war bis jetzt ein kluger Entschluß. Ich konnte bis dato in meinem Haus selber, ganz allein und ohne jegliche weibliche Einflüsterungen, bestimmen, welche Waschmaschine ich kaufe, wo welches Bild hängt, wo das Schlafzimmer ist, welche Farbe die Gardinen haben und aus welchem Material sie sind. Lediglich die ledige (?) Geschäftsführerin des Einrichtungshauses *House & Color* in der 51. Straße, Ms. Kim, versuchte, mir das Aquarellblau der Bettwäsche und Gardinen und Handtücher und Servietten und Tapeten und des Geschirrs und der Tischdecken auszureden zugunsten eines bestimmten Kack-beige, das derzeit in ganz Korea unwiderstehlich sei. Außerdem sei meine Wohnung zu blau, sagte sie. Ich wies sie mit dem Hinweis, wir seien nicht verheiratet, energisch in die Schranken, was sie mit Tränen in den Augen auf den Boden holte, aber auch die Rechnung in exorbitante Höhe trieb. Ich blieb standhaft und bezahlte, ebenfalls mit Tränen in den Augen.

Der Inhalt meines Eisschrankes ist männlich: Unten Bier, in der Mitte Kimchi, oben Steaksoße und Kim, also getrockneter und gesalzener Seetang, den ich fladenweise verdrücke. Da redet mir niemand rein, außer meiner Frau vielleicht, die mich in zwei Monaten besuchen kommt, denn wir sind ja nicht geschieden und haben das auch nicht vor. Das vergaß ich zu erwähnen.

Ich nehme also einen recht ambivalenten Standpunkt ein und bin daher berufen, mich über die koreanische Weiblichkeit zu äußern, denn ich kann nicht rund fünfzig Prozent der koreanischen Bevölkerung ignorieren. Kein Mann schafft das auf Dauer.

Koreanische Mädchen sehe ich praktisch nur beim Einkaufen, also zum Beispiel auf den Rolltreppen der Kaufhäuser oder vor einem Fahrstuhl, der lange nicht kommt. Die Kaufhausleitungen haben vor den Fahrstuhleingängen Bänke installiert, auf denen die koreanischen Familien mit ihren Kindern warten können und, wenn sich das Warten hinzieht, auch schon mal ihren Proviant auspacken und verzehren. Aus dieser Warteerfahrung weiß ich: Koreanische Mädchen sind den deutschen sehr, sehr ähnlich. Ich kann das beurteilen, denn ich habe selber eine Tochter. Sie nennen ihren Papa „Apa" und sie zeigen mit dem Finger auf mich und sagen „Apa, guck mal!", natürlich auf koreanisch. Wenn der Apa nicht gleich guckt, stupsen sie ihn und wiederholen: „Apa, guck doch mal!"

Und der Apa guckt flüchtig zu mir, lächelt mich verlegen an und sagt irgendwas, zieht seine Tochter weg und bedeutet ihr, mich nicht weiter zu belästigen. So lernt man keine koreanische Familie kennen, was zugegebenermaßen im Kaufhaus auch nicht meine Absicht war.

Die nächste Gruppe der Koreanerinnen sind die Teenager. Schon wesentlich interessanter, aber – oh Graus – sie gehen alle uniformiert in die Schule, und sie sind sowas von pubertär-pummelig, daß sie mir richtig leidtun. Jeden Morgen, wenn ich mein Haus verlasse, kreuzen sich unsere Wege, denn ich will zu meinem Hyundai *Sonata*, und die koreanischen Teenager wollen zur Daedeok-Highschool gegenüber. Sie schauen scheu zu mir und werfen einen begehrlichen Blick auf den Stoff-Elch, der in meinem Rückfenster baumelt – ein Souvenir aus Göteborg, als ich dort vor einigen Jahren bei Volvo mehrere für die USA bestimmte, gesperrte Schiffsladungen voller 850er freikämpfte.

Schade nur, daß ich die Geschichte mit Volvo den koreanischen Teenagern nicht ausführlicher erzählen kann. So schlurfen sie an mir beziehungsweise an meinem wunderschönen Hyundai *Sonata* und dem Elch vorbei, alle in gleichem Tempo, alle mit den gleich dicken Waden und kurzen, ionischen Beinen, den pickeligen und kugelrunden Gesichtern, den enorm breiten Hüften und den koreanischen Einheitsfrisuren schwarz/glatt/halslang. Hee-Seon meinte kürzlich, diese langsame, schlurfende Gangart sei typisch für die hiesige Gegend, in der die Menschen als träge gelten. In Seoul würden sie rennen, sagt Hee-Seon. Ich kann das nicht ganz glauben, denn ich gebe ihr derzeit Fahrunterricht, und sie fährt als gebürtige Seoulerin in der zehnten Fahrstunde so langsam wie ein Bulle, der den Pflug durch ein Reisfeld zieht. Wirklich ätzend, aber davon vielleicht später.

Es ist merkwürdig – diese weltweit unattraktivsten Teenager scheinen nicht zu leiden. Sie verkriechen sich nicht vor Scham, weil sie aussehen, wie sie aussehen, sondern sie quatschen, gickern und schlurfen in Gruppen der Schule zu und in die Schule hinein, die ihnen viel Wissen einpauken wird, leider keine Kreativität. Sie werden sich trotzdem entpuppen. Und ich steige in meinen Hyundai *Sonata* ein und fahre vorsichtig durch die Gruppen der quatschenden, gickernden und schlurfenden Teenager hindurch, denn sie kümmern sich nicht die Bohne um mich und meine Wichtigkeit und meinen

Elch und meinen Hyundai *Sonata* Gold in der neuesten Mode-
farbe kack-beige. Blöde Gänse.

Auf dem Weg zur Firma erlebe ich eine völlig andere
Klasse koreanischer Frauen, nämlich die Echten, die Entwik-
kelten, die der Pubertät Entwachsenen, die Selbstbewußten,
die Durchgestylten, die an der Fußgängerampel stehen und
meinen Weg kreuzen. Mannomann, was für eine Metamor-
phose! Knappe Jeans, kleiner Rucksack, schlank, Superfigur,
langbeinig (wie kann das nur sein? Da würde ich gerne
nachmessen), rötliche Strähnen, bis zur äußersten Lidwimper
gepflegt, flotter Gang. Nix da mit Ostfriesen-Bernern.

Und dann erst in der Firma – wow! Die Feinheiten werden
mir bewußt, wenn eines dieser Supergirls 50 cm an mir vor-
beischwebt. Da ist ein Duft, der mir den Kopf herumreißt und
mich blöde hinterherstieren läßt.

Irgendwo habe ich gelesen, die Koreaner und Koreanerinnen hätten unter den Achseln angeblich keine oder weniger
Schweißdrüsen. Sie beginnen auch nach einem langen Arbeits-
tag in ermattender Schwüle nicht zu stinken, sie brauchen
kein Deo, sie riechen immer gut, wenn man von der inten-
siven Knoblauchwolke absieht, die jede und jeden umhüllt.
Nicht neidisch werden. Es ist ein Geheimnis und Geschenk
der Natur.

Da sind Frisuren, bei denen die glänzenden Haare so raffiniert fallen, daß ich schon versucht war zu fragen: Wie lange
haben Sie sich heute gestylt? Und das Schönste kommt jetzt:
Alle miteinander sind unverheiratet und suchen einen Mann,
möglichst einen, der sie aus Korea herausbringt, also zum Beispiel einen Deutschen, der nach Ablauf seiner Vertragszeit
rückversetzt wird. Wie ich, zum Beispiel. Naja, warten wir das
mal ab. Ich glaube nicht an das Gerücht, es gäbe eine Halbwertszeit für deutsche Junggesellen. Außerdem: Meine Frau
kommt in ein paar Wochen.

Was wird aus diesen Covergirls, wenn sie verheiratet sind? Um diese Frage zu beantworten, bemühen wir uns wieder in ein Kaufhaus, wo in der Nähe eines der Fuzzy-Logik-gesteuerten Aufzüge die koreanischen Familien während ihres Einkaufmarathons einen Boxenstop einlegen und picknicken. Auch die Frauen, die karrieremäßig weg vom Fenster sind, denn ihnen hat die Natur und ihr Mann die Rolle der Mutter in den Leib geschrieben, und sie stopfen ihren Gören die Münder mit irgendwelchen Sweets voll, wischen ihnen die Zucker-Reste aus dem Gesicht, übergeben dem Supervater, sofern anwesend, kurzzeitig die Verantwortung für die Brut und kaufen ihm, dem Gottgleichen, zehn Paar neue Socken. Dahinten gibt es welche im Sonderangebot. Er heuchelt Sachkenntnis und Interesse, sie aber bestimmt die Details. Absolut so wie in Deutschland. Langweilig.

Wo aber sind die alten Frauen? Sie erscheinen auf keiner Party. Sie sind in keinem Kaufhaus zu finden. In keinem Hotel. Sie sind irgendwie nicht existent. Ich vermute, sie werden versteckt.

Die einzigen alten Frauen, die ich gesehen habe, laufen auf der Landstraße zwischen Daejeon und Buyong in Pluderhosen und ohne Gebiß, ein Werkzeug zur Pflege eines Reisfeldes in der Hand, und äußerst schreckhaft bei Annäherung meines Hyundai *Sonata* im Overdrive Modus. Sie drehen sich nach mir um und rennen plötzlich quer über die Straße, ohne jegliches Gefühl für ihre Chancen, die andere Seite zu erreichen, ehe ich mit Vollbremsung Schlimmes verhindern kann. Wird sich Hee-Seon in dreißig Jahren so verhalten? Wird sie so aussehen? Ich will es nicht glauben. Aber ich möchte es nicht darauf ankommen lassen.

Beim Mittagessen fragte ich sie:

„Mal was anderes: Mir ist aufgefallen, daß man hier nirgendwo alte Frauen sieht. Wie kommt das?"

Sie schaute mich überrascht an. Ich bohrte weiter:

„Hier in der Firma ist mir das Phänomen klar – koreanische Ehefrauen arbeiten normalerweise nicht, sondern kümmern sich um den Haushalt und die Kinder. Aber ich sehe sie auch nicht auf der Straße, nicht im Kaufhaus, nicht am Steuer eines Autos. Wo sind sie?"

Hee-Seon dachte nach. Bis sie mit einer ersten Antwort herausrückte, verschwanden drei Tintenfischarme (oder waren es verschrumpelte Hähnchenbeine?) hinter ihren energischen Zähnen und begannen, sich gegen die endgültige Zerkleinerung zu wehren.

„Also, hinter dem Steuer können sie nicht sein, denn dann hätten sie vor zwanzig oder dreißig Jahren ihren Führerschein machen müssen. Damals hatte kaum eine koreanische Familie ein Auto."

„Aha. Klingt plausibel. Aber die anderen? Wo sind die? Wo sind zum Beispiel deine Großeltern?"

„Ich habe keine," sagte Hee-Seon, „sie sind gestorben, als ich noch ganz klein war."

Merkwürdig. Wenigstens ein verschrumpelter Opa oder eine zusammengeschnurrte Oma könnte doch noch gut leben, denn Hee-Seon war erst neunundzwanzig, ihre Mutter war so alt wie ich, also achtundfünfzig, und meine Eltern lebten doch auch noch.

„Meine Eltern leben doch auch noch," sagte ich.

„Schön für sie," sagte sie.

Ich war unzufrieden. Mit dem Ergebnis dieser Recherche, mit Hee-Seons Desinteresse.

„Gibt es koreanische Altersheime?"

„Selbstverständlich," sagte Hee-Seon, „nur ist es eine Katastrophe, dort zu landen. Da gehen nur Menschen hin, die keine Familie mehr haben. Wenn meine Eltern mal alt sind, gehen sie zu meinem Bruder."

„Wieso nicht zu dir?"

„Immer zum ältesten Sohn."

„Weiß das deine Schwägerin?"

„Klar weiß sie das."

Und dann schob sie zwei weitere Tintenfischarme (oder waren es verschrumpelte Fingerchen?) zwischen ihre strotzgesunden Zähne und fragte: „Gehen wir nachher noch ein Eis essen?"

Ein elementares Führungsproblem entsteht dann, wenn man, so wie ich, per Vorstandsbeschluß einigen -zig Leuten vorgesetzt wird, in einem Land, dessen Sprache man nicht spricht, mit einer Schrift, die man als neu zugezogener Ausländer nicht flüssig lesen kann, und einer Kultur, die einem so fremd ist wie das Liebesleben der Aliens von Orion 17. Wenn man dann noch den Auftrag mit auf den Weg bekommt „Bringen Sie da mal Ordnung rein," ist man erst mal unter Wasser, und zwar tiefer als die Oberkante der Unterlippe.

Wie lange darf man unter Wasser bleiben, ohne den Vorstand oder die erwartungsvollen Mitarbeiter und Mitarbeiterinnen zu enttäuschen? Auch nach sechs Monaten wird man weder die Sprache mit der Schrift erlernen noch die Kultur verstehen, aber man kann sich all dem trotzdem ein wenig nähern. Zum Beispiel, indem man sich mit den Leuten (auf Englisch) unterhält, nach ihrer Ausbildung fragt, sich für ihre Familien interessiert, sie zum Essen einlädt.

Apropos Essen – hierfür stellt die Firma jeder Abteilung ein besonderes Budget zur Verfügung, dessen Höhe sich nach der Abteilungsgröße, aber auch nach der Art der Kundenkontakte richtet.

Da die Abteilung Qualitätssicherung ungefähr sechzig Leute hat und hin und wieder mal einen besonders erbosten Kunden mit ausgesuchten Freundlichkeiten besänftigen muß, ist das Budget üppig. Sehr üppig. Es ist derart üppig, daß ich Gewissensbisse bekam und die Finanzabteilung um Korrektur nach unten bat. Schließlich müsse das Geld ja von den Werkern am Band erst mal verdient werden.

Herr Mileke lehnte ab:

„Sehen Sie das doch mal so: Der Kunde Hyundai zum Beispiel zwingt uns zuweilen zu technischen Lösungen, von denen wir wissen, daß sie nichts taugen. Unsere Ratschläge lehnt er ab. Und wir dürfen dem Kunden nicht die Ware verweigern. Hernach, wenn das Kind in den Brunnen gefallen ist und eine Austauschaktion fällig wird, belastet er uns mit seinen, von ihm selbst verschuldeten Garantiefällen in Höhe von vielen Millionen. Da können wir uns gar nicht gegen wehren. Aber Sie können mit Ihrem Hyundai-Q-Kollegen von Ihrem Budget einen fulminanten Abend gestalten und ihn dabei überzeugen, daß nicht wir, sondern Hyundai selbst die Ausfälle bezahlen muß. Der Kunde erwartet das so. Und da rentiert sich Ihr Budget allemal, selbst wenn Sie es dreifach überziehen.“

Er als Finanzdirektor mußte es ja wissen.

Doch zurück zu meinen Leuten.

Das Kennenlernen der Leute per Essengehen ging mir zu langsam. Effizienter, so dachte ich, sind Interviews. Da muß man nicht lange Essen bestellen und Smalltalk machen – da kommen wir gleich zur Sache.

Ich sage also zu Hee-Seon: „Lade die Leute aus dem Office alle ein. Einzeln. Ich will jeden interviewen.“

Hee-Seon hat sowas noch nie gemacht: „Wie soll das funktionieren?“

„Also, mach mal einen Fragebogen mit Paßbild, Name, Vorname, Geburtsdatum, Familienstand, Ausbildung, derzeitige Aufgaben, Berufserfahrung, Weiterbildung, einer Spalte für eigene Wünsche und Bemerkungen.“

„Warum schaust du dir nicht einfach die Personalakte der Leute an?“

„Das ist mir zu distanziert. Ich will die Menschen sehen, ihre Gestik, und ich will ihre Sprache hören, ihr Verhalten erleben. Eine Personalakte kann das nicht leisten, und abgesehen davon würde ich die koreanischen Unterlagen nicht verstehen."

Wenig später habe ich den Entwurf. Er ist okay.

„Und jetzt verteile ihn an die Leute und mache die Interviewtermine."

„Wie lange sollen die Interviews dauern?"

„Eine halbe Stunde. Dann bin ich in zwei Tagen durch."

Hee-Seon ist entsetzt.

„Eine halbe Stunde nur? Das ist viel zu wenig. Die Leute wollen viel mit dir besprechen."

„Die Leute können kaum Englisch," erwidere ich.

Hee-Seon ist pragmatisch wie immer:

„Hier hast du Wörterbücher."

„Danke," sage ich, „aber die Zeit habe ich nicht."

Hee-Seon hat zwar recht, aber ich auch.

Mein erster Interviewpartner ist Mr. Yu, Ingenieur, Gruppenleiter, 35 Jahre alt, verheiratet. Er ist informiert, um was es geht, wie alle. Er erwartet mich bereits, als ich pünktlich in das Besprechungszimmer eintrete, das Hee-Seon für diesen Zweck reserviert hat. Im Büro wäre der Störpegel zu hoch gewesen. Sie hat mir sogar ein Blatt vorbereitet, auf dem „Bitte nicht stören! Interview!" steht, einschließlich Tesafilm, um es außen an der Tür zum Besprechungszimmer zu befestigen.

„*Anjonghasejo**, Mr. Yu," sage ich.

Er verbeugt sich. „*Anjonghasejo.*"

Ich fordere ihn auf Platz zu nehmen. Natürlich kenne ich

---

* Das heißt so viel wie Guten Morgen/Tag/Abend, Grüß Gott, Moin moin und Mahlzeit in einem. Paßt immer. Die Betonung liegt auf dem „e".

ihn schon ein paar Monate, aber eine persönliche Unterhaltung über Themen außerhalb der täglichen Routine haben wir noch nie geführt. Ich beginne ganz locker, ganz einfach.

„Hier im Fragebogen steht Mr. Yu, aber auf ihrem Ausweis (jeder trägt einen Ausweis mit Paßbild) lese ich ‚Yoo'. Was gilt?"

„Beides," sagt er und lächelt.

Ich lächle zurück und warte. Schaue ihm interessiert zu, wie sein Verstand nach den ihm ungeläufigen Worten ringt, und wie er die verfügbaren Brocken zum nächsten Satz zusammenbastelt. Es dauert etwas, dann hat er das Informationsbündel beieinander.

„Yu ist die neue Schreibweise, Yoo die alte."

„Und welche Schreibweise soll ich hier in diesem Fragebogen anwenden?"

Er schaut mich verständnislos an. Offenbar kann er mit meiner Frage nichts anfangen.

„Ich meine: Yu oder Yoo, hier?" Und dabei deute ich auf die Worte.

„Yoo," sagt er klar und bestimmt und deutet auf die entsprechende Version auf meinem Schreibblock. Ich verzichte darauf, ihn nach den Gründen für seine Wahl zu fragen, denn die Unterhaltung hätte sich unter diesen Umständen mindestens um eine halbe Stunde verlängert.

Wir hangeln uns gequält durch die Kopfdaten, was wesentlich länger dauert als veranschlagt.

„Also, Mr. Yoo, beginnen wir endlich mit Ihrem Lebenslauf. Wann sind Sie zur Schule gekommen?"

„Ja."

„Ich meine: Wann?"

„Oh, Sie meinen ‚wann'?"

„Ja," sage ich ruhig.

„Mit acht Jahren, nach koreanischer Zählweise."

„Das verstehe ich nicht." Ich fordere ihn auf, mir an dem Board den Unterschied zwischen koreanischer und westlicher Alterszählweise zu erklären.

Jetzt taut Mr. Yoo allmählich auf. Er zeichnet eine Zeitachse auf das Board, setzt den Nullpunkt und erklärt (die häufigen Unterbrechungen zur Klärung von Verständnisproblemen klammere ich aus):

„Die koreanische Alterszählweise beginnt mit dem Zeitpunkt der Befruchtung. Nach neun Monaten, wenn das Baby zur Welt kommt, sagt man, es sei ein Jahr alt."

„Aha."

„Und beim nächsten Jahreswechsel zählen wir eins weiter."

Ich will es genau wissen:

„Das bedeutet: Wenn ein Baby am 31. Dezember geboren wurde, ist es am nächsten Tag, also am 1. Januar, bereits zwei Jahre alt."

„So ist es," bestätigt Mr. Yoo, schränkt dann aber ein: „Und wenn das Baby erst am 1. Januar zur Welt kommt, muß es ein ganzes Jahr warten, bis es ebenso alt ist wie das Baby, das nur einen Tag älter ist. Das gilt allerdings nur nach dem westlichen Kalender, bei dem das neue Jahr immer am 1. Januar beginnt."

„Wann sollte es denn sonst beginnen?"

„Nach dem koreanischen Mondkalender beginnt das neue Jahr immer nach dem zwölften Monat. Das kann zum Beispiel erst Ende Januar sein."

Ich befürchte, daß das Interview jetzt langsam abgleitet und reiße mich aus der Faszination, den Dingen auf den Grund zu gehen, aber Mr. Yoo läßt sich nicht mehr bremsen. Ich lasse ihn – anfangs etwas zögernd, dann aber interessiert – gewähren, denn das Interview dient ja dem Zweck, die Leute besser kennenzulernen. Da sollte es in erster Näherung ziemlich egal sein, ob mir jemand etwas über die bevorstehende Fußball-Weltmeisterschaft 2002 erzählt oder über den koreanischen Mondkalender.

Mr. Yoo legt los: „Ein koreanischer Monat dauert so lange wie ein Umlauf des Mondes um die Erde, nämlich 29 Tage und sieben Stunden."

„Sie wissen das sicherlich genauer als ich."

„Da die Tage, auf den Monat bezogen, nicht ganzzahlig sind, wohl aber die Monate, unterscheiden wir zwischen Monaten mit 29 Tagen, also Jan-Mar-May-Jul-Sep-Nov, und Monaten mit dreißig Tagen, also Feb-Apr-Jun-Aug-Oct-Dez. Wenn man das zusammenzählt, hat man (29 x 6 + 30 x 6) = 354 Tage."

„Da fehlen ja elf Tage bis zum vollen Jahr," werfe ich ein.

„Richtig," sagt Mr. Yoo, „deswegen muß man alle drei Jahre einen Monat einschieben."

„Und wie funktioniert das?"

„Man wiederholt den März."

„Im Ernst? Zweimal den März hintereinander?"

„Genau so," sagt Mr. Yoo.

„Interessant," sage ich und starre auf die Erläuterungen, die er auf das Board gemalt hat. Yoo nutzt die Zeit, die ich zum Abspeichern benötige, und fährt fort:

„Da die Korrektur alle drei Jahre auch noch nicht ausreicht, um die Synchronisation zwischen den Monaten und den Sonnenjahren herzustellen, muß man alle 60 Jahre ..."

In diesem Moment steckt Hee-Seon den Kopf zur Tür rein.

„Mr. Kim wartet schon eine Weile. Dauert es noch lange? Dann mache ich einen neuen Termin für ihn."

„Ja, nein," sage ich, noch etwas benommen, „er soll warten, wir sind gleich fertig."

Und dann sage ich zu Mr. Yoo:

„Seien Sie mir bitte nicht böse, aber wir müssen unsere

Unterhaltung jetzt leider abbrechen. Miss Kim soll Ihnen einen neuen Termin machen. *Kamsamnida*.*"

„Ich danke, daß Sie sich Zeit für mich genommen haben," sagt Mr. Yoo und geht.

Mr. Kim kommt herein.

„*Anjonghasejo*, Mr. Kim," sage ich.

Er verbeugt sich. „*Anjonghasejo.*"

„Wir kennen uns ja schon gut," lächle ich ihn an, „da können wir gleich zu Ihrem Lebenslauf kommen. Wann genau sind Sie zur Schule gekommen?"

„Mit acht Jahren ..."

„... nach koreanischem Mondkalender, vermute ich."

„Oh, Sie kennen den koreanischen Mondkalender?" fragt er verblüfft, und dann geht ein Strahlen über sein Gesicht.

„Ein wenig," sage ich bescheiden, wie es meine Art ist, „mir ist nur nicht ganz klar, ob man neben der Korrektur, die man alle 60 Jahre vornimmt, noch Schaltjahre hat."

Kim strahlt wie mein Fußboden, wenn Frau Seon da war.

„Das kann ich Ihnen erklären," sagt er und geht an das Board, zeichnet eine Zeitachse und legt den Nullpunkt fest. Der Tag beginnt, in die Puschen zu kommen.

---

* Das bedeutet „Danke". Die Betonung liegt auf der Endsilbe „da" mit sehr langem „a".

면접 Interview 2

Nach meiner Selbsteinschätzung, die mich noch nie betrogen hat, bin ich so ruhig, gutmütig und ausgeglichen wie mein Hyundai *Sonata*. Ich stehe fest auf dem Boden, so wie er, und ich schnurre nur leise, wenn ich meine ganze Kraft entfalte. Ich brauche ein Weile, bis ich auf hundert bin, aber ich habe dann noch beträchtliche Reserven. Ja, mein Hyundai *Sonata* und ich sind uns, von dessen Kackfarbe und ein paar anderen Features abgesehen, sehr ähnlich.

Bis gestern. Da legte mir Hee-Seon einen Stapel auf den Schreibtisch und sagte:

„Das solltest du gleich lesen."

„Was ist das?"

„Das sind Bewerbungen."

„Bewerbungen? So viele? Es hat doch gar keine Ausschreibung stattgefunden."

„Aber morgen sind schon die Interviews."

„Interviews? Ich habe keinen Bewerber eingeladen. Außerdem habe ich morgen keine Zeit, der Terminkalender ist schon voll."

„Also, am besten liest du das jetzt erst durch."

Hee-Seon hatte natürlich recht. Ehe ich dumm daher schwätzte, sollte ich wissen, um was es überhaupt geht.

Ich las das Deckblatt und blätterte dann mit dem Daumen den Stapel durch.

Innerhalb von fünfzehn Sekunden stieg mein Blutdruck auf 200, und, asiatische Selbstbeherrschung hin, Fakten her, ich explodierte. Aus dem Stand. Ich konnte das einfach nicht verhindern, Buddha sei mein Zeuge.

„Welcher hirnrissige Schwachkopf hat das verzapft? Ja ist der noch zu retten? Der lädt für morgen zehn Ingenieure zu Interviews ein, für meine Abteilung, und sagt mir vorher kein Wort? Wer hat das unterschrieben? Mr. Cho? Ah, Mr. Cho, der doppelt unterbelichtete Subsachbearbeiter! So ein Riesenarmleuchter! Hee-Seon, rufe den Cho-Dödel bitte sofort her."

„Habe ich mir schon gedacht, daß du den sprechen willst. Er ist aber nicht da."

„Dann seinen Chef!"

„Der ist auch nicht da."

„Dann sage die Interviews ab!"

„Geht nicht. Ich habe keine Adressen."

„Himmiherrgottnochmal, hier liegen doch die Bewerbungen!"

„Das sind nicht die Originalbewerbungen, das sind Auszüge, die Mr. Cho auf ein einheitliches Formblatt übertragen hat."

Ich krallte mich am Schreibtisch fest, um nicht in die Luft zu gehen. Einundzwanzig, zweiundzwanzig, dreiundzwanzig. Das half immer.

„Entschuldige bitte, Hee-Seon, daß ich dich angebrüllt habe."

„Schon okay. Morgen ab dreizehn Uhr sind die Interviews. Bis sechzehn Uhr. Die ursprünglichen Termine habe ich schon abgesagt. "

„Das sind ja nur 18 Minuten pro Bewerber."

„Du solltest die Unterlagen wirklich lesen," sagte Hee-Seon freundlich, „es werden immer zwei gleichzeitig interviewt."

„Immer zwei gleichzeitig? Das ist für die Bewerber doch entwürdigend."

„Diskutiere das am besten mit Mr. Cho."

„Wer ist noch alles dabei?"

„Der President und der Direktor für *General Affairs*, Mr. Lee."

„Mannomann, Hee-Seon, wir haben laut Wirtschaftsplan gar keine Stelle offen. Das gibt mächtigen Ärger mit Herrn Mileke."

„Ihr könnt euch ja hinterher duellieren."

Manchmal war mir Hee-Seon eine Idee zu respektlos, aber ich durfte mich nicht allzu laut beschweren, schließlich hatte ich sie selber eingestellt und immer wieder ermuntert, mir zu widersprechen.

Am nächsten Tag traf ich den Presidenten und Mr. Lee vor dem Konferenzraum, in dem die Interviews stattfinden sollten. Wir gingen hinein und setzten uns an den großen Tisch, die Fensterseite im Rücken. Wir ordneten unsere Papiere und ich sah, daß der President nicht nur die von Mr. Cho erstellten Auszüge hatte, sondern die kompletten Bewerbungsunterlagen. Obwohl ich die nicht lesen konnte, ärgerte ich mich doch gewaltig, daß Mr. Cho mir nur gefilterte Information gegeben hatte. Mr. Lee stand wieder auf, ging zur Tür zum Vorzimmer und bat die ersten Bewerber herein. Sie waren geschniegelt, trugen Krawatte, hatten kleine Schweißperlen auf der Stirn. Verständlich, denn zum einen war es furchtbar schwül um diese Jahreszeit, zum anderen kamen sie sozusagen direkt von der Uni und hatten ihren Bachelor oder gar Master noch druckfrisch. Sie barsten sicherlich vor Ungeduld, ihr Wissen in die Praxis umzusetzen.

Der President begrüßte sie und stellte seine ersten Fragen wie zum Beispiel „Sind Sie an einem fließenden Wasser geboren?", „Welche Stellung nehmen Sie innerhalb Ihrer Familie ein?", „Wie lange können Sie ohne Schlaf auskommen?" und dergleichen Merkwürdigkeiten mehr.

Ich beschloß, dem Hintergrund und dem Sinn dieser Fragen später nachzugehen. Unser President ist nicht blöde, also mußte was dran sein.

Dann fragte ich die jungen Männer:

„Was wissen Sie über unsere Firma?"

Der eine Bewerber wußte was: „Neulich war ich in einem Kaufhaus. Da habe ich den Schriftzug ‚ROBERT' gesehen."

Ich war beeindruckt. „Und wissen Sie auch, was wir herstellen?"

„Autobatterien?" kam die unsichere Antwort.

„Das war mal," seufzte ich, „aber nun was Technisches, ganz allgemein. Wie würden Sie das Drehmoment eines Elektromotors messen?"

Völlige Ratlosigkeit.

„Dann mache ich es ein bißchen leichter: Wie könnte man die Leistung des Motors messen?"

Absolute Funkstille.

„Also gut, ganz langsam: Wissen Sie, was ein Drehmoment ist?"

Jetzt regte sich der eine: „Das ist das Produkt aus kg-force mal Meter ..."

Ich wollte schon „beinahe wunderbar!" rufen, da ergänzte er: „... pro Sekunde."

Ich schaltete noch einen Gang zurück, in den alleruntersten:

„Wissen Sie, was ein Newton ist?"

„Eine Kraft."

Ich war grenzenlos erleichtert. Sie wußten mehr als nichts.

„Und wie ist ein Newton definiert?"

„Es ist 9,81 Meter pro Sekunde."

Ich fühlte, wie mir die Tränen kamen.

„Wie ist ein Meter definiert?"

Er zeigte mit den Händen ungefähr einen Meter.

Ich sagte, daß ich keine Fragen mehr an die Kandidaten habe. Fassungslosigkeit hatte von mir Besitz ergriffen.

Die Bewerber durften gehen. Sie verbeugten sich tief.

Auch die nächsten beiden fielen bei mir ungestreift durch, aber ich konnte das Niveau meiner Fragen bei bestem Willen nicht weiter senken.

Der President raunte mir zu: „Sie können nicht davon ausgehen, daß die Kandidaten etwas wissen. Sie müssen sie eher danach beurteilen, ob Sie was aus ihnen machen können.

Ich raunte zurück: „Unter einem Newton mache ich nichts."

Der fünfte und der sechste Bewerber traten ein, bald darauf die vorletzten, schließlich die letzten. Da geschah ein Wunder. Der eine wußte tatsächlich, was ein Newton ist, er wußte es wirklich, und er wußte sogar, was ein Drehmoment ist! Daß ich das noch erleben durfte! Ich strahlte ihn an:

„Würden Sie gerne im Bereich Qualitätssicherung arbeiten?"

„Keinesfalls," kommt die prompte Antwort, „ich will in den Verkauf."

Nachdem die Bewerber gegangen waren, ging ich schlurfend und gramgebeugt an meinen Schreibtisch zurück. Meinen Tränen ließ ich freien Lauf, stumm kullerten sie meine Backen herunter, dann in meinen Hals. Ich war sowas von deprimiert.

Hee-Seon wedelte heran: „Na, wie war's?"

„Wenn das, was ich heute in den Interviews vom akademischen Nachwuchs Koreas gesehen habe, nur entfernt repräsentativ war, dann kann aus diesem Land nix werden."

„Nanana," Hee-Seon ließ das nicht gelten, „es kann nicht repräsentativ gewesen sein, es war ja kein einziger Bewerber von Seoul dabei."

„Würdest du mir das bitte erklären?"

„In Seoul gibt es gute Leute, aber nicht hier. Die Bescheinigungen, die ich in den Bewerbungsunterlagen gesehen habe, war alle von Klitschen-Unis. Da bekommt man die Diplome nachgeschmissen. Ihr braucht Leute aus Seoul, aber wer geht schon von Seoul nach Daejeon in die Provinz?!" Und dann setzte sie noch hämisch einen drauf: „Da müßtet ihr ja richtig Geld in die Hand nehmen."

Sie hatte recht, so recht. Gleich am Montag wollte ich diese versaubeutelte Bewerbungsrunde auf der wöchentlichen Besprechung mit dem Presidenten zum Thema machen.

Und der Cho konnte was erleben. Ich nahm mir vor, ihn mit meinem Hyundai *Sonata* kilometerweit durchs Gelände zu schleifen, diesen Provinzialisten.

간부 회의 Das MM

Heute ist Dienstag, und in meinem Kalender steht „8.30 h, MM". Dasselbe stand auch letzte und vorletzte und vorvorletzte Woche drin, es stand da schon immer jeden Dienstag. MM ist nämlich das „Manager-Meeting". Unter den Expats wird es auch „Mickymaus-Meeting" genannt, weil das Niveau etwa in Ameisenkniehöhe liegt.

Das MM ähnelt einer heiligen Kuh, die nutzlos im Weg beziehungsweise im Kalender herumsteht, eine Menge Zeit frißt und vor allem nicht geschlachtet werden darf. Kein koreanischer Kollege konnte mir bislang vernünftig erklären, warum das so ist, denn es gibt zwei Arten Wünsche, die nie hinterfragt werden: Die des Kunden und die des Presidenten. Ich muß mich daher auf eine schlichte Beschreibung beschränken.

Das MM wirft seine Schatten schon am Montag voraus. Da erinnert das Sekretariat des Presidenten alle Abteilungen daran, ihren jeweiligen Bericht über die vergangene Woche abzugeben. Die Obersekretärin Miss Sumi sammelt die Elaborate und faßt sie in einer Datei zusammen, die dann an alle Teilnehmer per E-Mail verschickt wird. Jeder druckt sich die Datei aus. Das ist sehr sinnvoll, denn es macht einen guten Eindruck, mit viel Papier in das Meeting zu kommen, auch wenn die Inhalte mit der eigenen Arbeit nicht das Geringste zu tun haben und obwohl Inhalte am Overheadprojektor oder mit dem Beamer vorgetragen werden. Manchen ist das noch nicht Papier genug. Sie packen ihren Terminkalender dazu, ein paar Berichte der Entwicklungsabteilung und, ganz wichtig, Unterlagen, die noch neuer sind als die Inhalte der MM-Mail von Miss Sumi. So gewappnet geht man am Dienstag in das MM.

Die zwanzig wichtigen Manager nehmen an dem großen Tisch Platz, nur der Stuhl des Presidenten ist noch frei. Kurz darauf schweben die beiden Sekretärinnen der Geschäftsleitung herein und servieren das Getränk der Saison. Im Sommer einen kühlen Saft, im Winter einen heißen Kaffee. Das ist jedesmal ein erfreulicher Anblick. Nicht der Saft oder der Kaffee, sondern die Sekretärinnen, die ihre raffiniert geschnittenen Jeans ausgesprochen wohlformend ausfüllen. Bei genauerem Hinsehen haben sie allerdings enttäuschend kurze Beine. Ich habe schon böse Zungen lästern hören mit der Behauptung, nach der Heirat würden die Beine noch kürzer und stämmiger, so daß die Frauen dann in der Lage seien, einen Pflug locker durch ein Reisfeld zu ziehen. Ich halte das für ein übles Gerücht, nehme mir aber vor, das Rätsel der kurzen, aber lang aussehenden Beine irgendwann zu lösen. Die sofortige Klärung ist leider nicht möglich.

Nach dem Prä-Ritual der Sekretärinnen betritt der President als dynamischer und verantwortungsbewußter Boss den Konferenzsaal und setzt sich auf seinen Stammplatz, der nahe genug am Overheadprojektor steht, so daß er unvorschriftsmäßig kleine Schriften auf den Folien bemängeln, aber doch lesen kann, und weit genug, um den inneren Abstand nach außen zu dokumentieren.

Mit dem vielen Papier können die Teilnehmer trefflich Eindruck schinden und unvermutete Angriffe von links, rechts oder gegenüber abwehren.

Ein echter Angriff ist aber äußerst unwahrscheinlich, da das Austragen offener Konflikte dem koreanischen Harmoniebedürfnis strikt widerspricht. Man kann also relativ entspannt sein.

Der President eröffnet das Meeting denkbar knapp: „Good morning. Let's start." Dann beginnt Mr. Ju, der Verkaufsleiter, mit kaum hörbarer, monotoner Stimme und in grauenhaftem Englisch die Umsatzzahlen der letzten Woche vorzulesen. Keiner versteht ihn, aber man kann ja mitlesen. Höhepunkt seines schriftlichen Berichtes sind zweifellos die Verkaufserfolge der einzelnen Abteilungen. Jeder Angestellte in einer Abteilung muß im Jahr mindestens 1,5 Hyundais oder Kias oder Daewoos an den Mann bringen, dann hat die Abteilung ihre Zielvorgaben erfüllt. Ich lese, daß meine Abteilung Mitte April erst zwei Autos verkauft hat, Ziel sind fünfunddreißig. Ich flüstere zu Mr. Chang neben mir: „Wer hat sich eigentlich diese spinnerten Ziele ausgedacht? Wir sind doch keine Autoverkäufer!"

Mr. Chang zuckt zusammen und sagt nur ein Wort: „Hyundai."

So ist das also. Hyundai, unser Superkunde. Nur wenn unsere Firma ein bestimmtes Kontingent an Autos verkauft, erhält sie weitere Aufträge, nehme ich an.

Ich bohre nach: „Wenn wir so weitermachen, haben wir am Jahresende gerade mal 7 Autos verkauft, aber unser Abteilungsziel lautet fünfunddreißig!"

Mr. Chang wippt mit seinen Handflächen auf und ab: „Don't worry, das schaffen wir schon."

Ich beginne zu überlegen: Eigentlich sind diese Verkaufsziele ein großer Schwachsinn, denn Korea ist ein geschlossener Markt, in dem nur Hyundais, Kias und Daewoos verkauft werden, letztlich also nur Hyundais, weil HMC ja eh schon fast alles gehört. Die Menge der verkauften Autos pro Jahr bleibt in erster Näherung also konstant und ist unabhängig davon, ob sich sämtliche Angestellte Koreas um mehr Verkäufe bemühen oder nicht. Wenn sich ein Koreaner ein neues Auto kauft, dann tut er das sowieso, und es kann nur noch darum gehen, *wer* ihm das Auto verkauft hat. Das also ist der Trick! Man muß es irgendwie schaffen, daß die Händler nicht die Namen der echten Verkäufer registrieren, sondern meinen. Dann habe ich allein alle Autos verkauft, haha ...

Zwischenzeitlich hat Mr. Ju seine Litanei mit „ßat's ohl" beendet. Die Zielvorgaben für die Abteilungen und die Zwischenergebnisse der Autoverkäufe hat er glatt übersprungen, aber niemand fragt etwas, niemand ergänzt, niemand widerspricht. Auch ich hake nicht ein, denn mir wird in dieser Runde bestimmt niemand verraten, wo diese oktroyierten Ziele herkommen und was passiert, wenn wir sie nicht erreichen.

Der Sectionmanager im Verkauf, Mr. Jang, löst Mr. Ju ab und berichtet im Einzelnen, welche Erzeugnisse in welchen Mengen an welchen Kunden verkauft wurden. Die Manager hocken bewegungslos mit aufgestütztem Kopf vor ihren Papieren und lesen mit oder schauen auf das Bild, das der Overheadprojektor mit einschläferndem Lüfterrauschen an die Wand wirft. Mr. Heo, der Produktionsmanager, beginnt, erste Ermüdungserscheinungen zu zeigen. Sein Kopf hat bedenkliche Schieflage und seine Augenlider senken sich stetig ab. Aber er hat ja noch mindestens eine Stunde Zeit, bis er mit seinem Bericht drankommt. Bis dahin hat er sich bestimmt von dem gestrigen Karaokesingen ausgeruht.

Ich beuge mich wieder zu Mr. Chang und lasse flüsternd einen Versuchsballon los: „Ich weiß jetzt, wie wir die Ziele einhalten oder gar übertreffen können: Wir müssen die Käufer bitten, bei den Händlern unsere Namen anzugeben!"

Er schaut mich grenzenlos verblüfft an. Volltreffer! „Wer hat Ihnen das gesagt?" fragt er flüsternd zurück.

„Weiß ich nicht mehr," flunkere ich, „ist doch auch egal."

„Na ja," meint Mr. Chang, „es ist nicht ganz so. Wir geben dem Händler pro Auto einhunderttausend Won, wenn er unseren Namen in die Statistik einspeist."

Ich bin über dieses freimütige Geständnis verblüfft, lasse es mir aber nicht anmerken. „Jetzt sagen Sie aber bitte nicht, daß das von unserem Abteilungsbudget bezahlt wird."

„Aber nein." Wieder beruhigt er mich mit den Händen. „Die Firma belohnt doch jedes verkaufte Auto mit einhunderttausend Won, und die geben wir dem Händler."

„Aha," sage ich.

Inzwischen ist Mr. Jang mit seiner Vorlesung fertig und sagt „That's all". Damit hat das Wort Mr. Kang, der die Verkaufserfolge im Export vorliest. Auch hier keine Bemerkungen, Fragen, Einwände.

Mr. Heo ist nun voll abgetaucht, sein Kopf ist weit nach hinten gefallen. Hoffentlich beginnt er nicht zu schnarchen, denn das würde den President in Verlegenheit bringen, da er mit Mr. Heo weitläufig irgendwie irgendwas gemeinsam hat, so hörte ich. Dieselbe Uni vielleicht oder gar dasselbe Dorf. Wie auch immer, Mr. Hoe kann schnarchen, soviel er will, es wird ihm nichts Ernsthaftes passieren. Wegweisend war hier das Verhalten des *Senior Directors* I.K. Han, der nach einer Reorganisation der Firma absolut nichts mehr zu tun hatte und monatelang in seinem Büro Zeitung las. Er tat das ganz offen, und jeder konnte ihm dabei durch die Glastür zuschauen, bis man ihm endlich ein Gewerbchen gab. Dieser Mr. Han ist trotzdem der mächtigste Mann in der Firma, denn er gehört zum Mando-Clan, einer der einflußreichsten Familien in Korea. Mr. Han bekommt alle wichtigen Informationen noch vor dem Presidenten, und wenn man Mr. Han feuern würde, wäre unsere Firma binnen kürzester Zeit ruiniert, so sagt man. Ob das alles stimmt, weiß ich nicht, aber es könnte so sein, denn Mr. Han sitzt direkt neben dem Presidenten, immer und unabhängig davon, um welche Besprechung es sich handelt, und immer kurz vor dem Einschlafen.

Mich würde interessieren, ob der President sieht, wie kuschelig Mr. Hoe in Morpheus Armen liegt, aber ich sitze zwei Plätze weiter als er, und da er sich in Richtung Overheadprojektor gedreht hat, kann ich ihn nur von hinten betrachten, wie er sich ruhig von den Informationen berieseln läßt.

Jetzt ist der Entwicklungsmanager Noh an der Reihe. Er berichtet über die aktuellen Erfolge der letzten Woche. Irgend etwas läßt sich da immer vorweisen. Heute ist es der Beschluß, den Regensensor mit einstellbarer Empfindlichkeit zu entwikkeln. Der Regensensor läßt den Scheibenwischer automatisch laufen, wenn es zu regnen beginnt. Und die Häufigkeit der Wischvorgänge hängt von der jeweiligen Regenmenge ab.

Jetzt kommt endlich mal eine Zwischenfrage. Herr Mileke will wissen, warum der Kunde eine Einstellbarkeit der Empfindlichkeit brauche, der Sensor des Stammwerkes komme doch auch ohne aus.

Jetzt verplappert sich Herr Noh und sagt:

„Bei der Präsentation des Regensensors hat der Kunde gesagt, er wolle das einstellbar haben, weil der Wettbewerber das so anbiete."

„Welche Präsentation? Wir haben doch noch keinen eigenen Regensensor, wie können Sie da etwas präsentieren?"

Mr. Noh saugt die Luft zwischen den geschlossenen Zähnen ein, sagt aber nichts. Damit ist klar: Man hat gegenüber dem Kunden den Mund mal wieder zu voll genommen, mit irgendwelchen Versuchsteilen eine Balli-Balli-Aktion gemacht, ohne Absprache mit den Abteilungen, die das ausbaden müssen.

Ich haue in dieselbe Kerbe: „Wer ist der Projektleiter?"

Mr. Noh hat keinen, kann das aber nicht zugeben, darum verstrickt er sich weiter: „Ich bin der Projektleiter."

„So, und wer hat Sie dazu ernannt?"

Mr. Noh schweigt endlich, das beste, was er tun kann.

Herr Mileke fragt: „Hat der Verkauf schon einen Preis abgegeben? Womöglich sogar einen Liefertermin?"

Man kann zusehen, wie Mr. Noh zerbröselt. Ohne die genauen Antworten zu kennen, wird klar, daß dem Kunden uneinhaltbare Versprechungen gemacht wurden. Das kann zu enormen Folgekosten und Imageverlusten führen, wenn unausgereifte Produkte zu Rückrufaktionen zwingen.

Mr. Noh ist schlachtreif, aber der President kann nicht zulassen, daß er von den Deutschen vor versammelter Runde demontiert wird.

„Meine Herren, ich bitte Sie, die Sache im Anschluß an diese Besprechung zu klären."

Jeder atmet nach diesem Machtwort durch, Mr. Noh am tiefsten, denn seine Demütigung hat vorerst ein Ende. Die Sache ist vom Tisch, niemand wird nachfragen, auch die Deutschen nicht, denn sie wissen alle: Das Kind ist klaftertief in den Brunnen gefallen, und es besteht nicht die geringste Chance, abgegebene Versprechungen zu annullieren. Mr. Noh kann seinen Regensensor entwickeln. Die Zeit dazu ist zwar viel zu kurz, aber bei den Lebensdauerversuchen kann man eine Menge sparen, wenn man auf die Versuchsergebnisse bei Serienanlauf verzichtet und darauf vertraut, daß sie nachgeholt und dann schon gutgehen werden. Für derartiges Aushebeln von Vorschriften schreibt man eine sogenannte „management deviation", auf deutsch also eine Prüfausnahme oder Abweichungsgenehmigung, mit der von mindestens drei Direktoren und fünf Managern schriftlich abgenickt wird, daß die Serie auch dann bereits anlaufen darf, wenn die Tests noch nicht abgeschlossen wurden, weil das Risiko völlig vernachlässigbar ist. Eventuelle Ausfälle werden, so die Behauptung, erst nach Ablauf der Garantiezeit auftreten. Das kann von den Direktoren und Managern natürlich keiner wirklich beurteilen, auch ich nicht, aber das macht gar nichts, denn derartige Fragen werden von den Sachbearbeitern entschieden, die verstehen wenigstens was davon. Hoffen wir.

Dann sagt der President: „Mr. Noh, schauen Sie zu, daß Sie den Kunden nicht verärgern, wir haben Ärger genug."

Und Mr. Noh sagt: „I will try."

Dann erteilt der President mit „Next" das Wort an Mr. Chong, der seitenweise die logistischen Highlights der letzten Woche vorträgt. Die Anzahl der Kundenabrufe wird mit den erledigten Aufträgen verglichen, getrennt nach Kunden, Export oder Import und differenziert nach Erzeugnissen. Dann kommen die Ausfallzeiten in den einzelnen Fertigungslinien dran, die dadurch verlorenen Arbeitsstunden und die Weiterbelastbarkeit an Zulieferer, kurz, es ist so spannend wie die Wasserstandsmeldungen über stillgelegte oberfränkische Dorfbrunnen. Wir atmen auf, als er endlich „ßäts ohl" sagt.

„Next," sagt der President.

Jetzt ist Frank dran, der Fertigungsmanager. Ein Deutscher, der bei manchen Koreanern in der Firma unbeliebt ist, weil er unangenehme Wahrheiten beim Namen nennt.

Frank wird aber in drei Monaten nach Deutschland zurückversetzt, da braucht man vor ihm keine große Angst mehr zu haben.

„Gentlemen," beginnt er, und jeder weiß nach diesem Einstieg, was nun kommt: Eine gepfefferte Anklage an die Unfähigkeit und Unlogik bestimmter Leute, die anscheinend nicht in der Lage sind, ein Rechtsgewinde von einem Linksgewinde zu unterscheiden. Und was man sich dabei gedacht habe, vermutlich nichts, wie immer, ohne Rückfrage bei ihm einfach seine Fertigungsfläche um satte zwanzig Quadratmeter zu verkleinern. Man möge ihm doch bitte verraten, wo er jetzt die Anlieferungen der Nacharbeitsware hinstellen solle, ganz abgesehen davon, daß er es unter diesen erschwerten Umständen bis Oberkante Unterlippe satt habe, die Zeit hereinzuholen, die andere versaubeutelt hätten.

Wenn ich Koreaner wäre, würde ich jetzt sagen:

„Mach mal halblang. Die zwanzig Quadratmeter wurden dir genommen, damit du endlich deine Nacharbeit reduzierst. Die Ware stand auf dem Platz immer derart lange herum, daß das Fertigungsdatum nicht mehr stimmte."

Aber ich bin kein Koreaner, sondern eine Langnase, und ich werde den Teufel tun und mich mit Frank vor den Koreanern streiten. Das könnte denen so passen. Daher sage ich: „Kläre das bitte mit Mr. Hwang. Der ist für die Flächen zuständig." Natürlich wird Frank nicht zu Mr. Hwang gehen, denn Mr. Hwang hat Frank ja nicht die Fertigungsfläche weggenommen, sondern Herr Mileke, der sie für seine Logistik brauchte. Das wiederum kann ich ebenfalls nicht vor den Koreanern sagen. Wir Togils müssen schon ein wenig zusammenhalten, schließlich sind wir nur fünf. Gegen sechshundert.

Frank wirft mir ein Lächeln zu und ich weiß, daß er seine Anklage nicht wirklich ernst gemeint hat. Er kann mit der reduzierten Fläche sehr gut leben, aber es hat ihm Spaß gemacht, die Stimmung im MM etwas aufzumischen. Dann liest er seine absoluten und relativen Zahlen für Produktionserfüllung, Ausschuß und Nacharbeit vor, bis er mit „That's all" an Mr. Chang weitergibt, also an meine Abteilung, die für die Qualitätssicherung verantwortlich ist.

Mr. Chang verliest die ppm-Zahlen, die in der letzten Woche und im letzten Monat und im Jahresteil bis heute in den einzelnen Fertigungslinien angefallen sind. Und welche Ware in welchen Mengen als so genannte Nullkilometerbeanstandungen vom Kunden zurückgeschickt wurden. Dann kommen die Garantiefälle an die Reihe und die Kosten mit dem Hinweis, daß die Details ja schon an die betroffenen Abteilungen gemeldet worden seien. Zum Schluß berichtet er über anstehende Audits und besondere Weiterbildungskurse in Statistik, dann kommt sein „That's all".

Der President bedankt sich, steht auf und geht so dynamisch, wie er am Morgen hereingekommen ist, aus dem Raum. Einige recken sich.

Mr. Heo schlurft lächelnd an mir vorbei. Wie hat er das gemacht, im Tiefschlaf das Ende der Sitzung zu erfahren? Hat ihn jemand geweckt?

Frank kommt um den Tisch herum, wir wollen jetzt gemeinsam zum Mittagessen gehen.

„Ich muß unseren Presidenten schon bewundern, wie frisch der nach solchen Marathonsitzungen immer ist," sage ich.

Frank schaut mich verwundert an: „Findest Du?"

„Ja. Ich meine, es muß doch für ihn anstrengend sein, sich über drei Stunden dieses Gelabere anzuhören."

„In Grenzen," sagt Frank, „schließlich hat er ja die meiste Zeit geschlafen."

Ich habe wohl ein recht dummes Gesicht gemacht, denn Frank ergänzt: „Ach so, ja, du konntest das von deinem Platz aus nicht sehen. Fast alle auf deiner Seite haben geschlafen."

„Wie, auch Mr. Han?"

„Aber feste," sagt Frank, „der ganz besonders, denn er mußte ja nichts berichten."

Ich bin erschüttert, aber da kommt mir eine Idee: Ab nächsten Dienstag werde ich das MM stundenweise schwänzen. Mal sehen, wie lange es dauert, bis das jemandem auffällt.

Frank kann Gedanken lesen, schließlich ist ja schon fast drei Jahre hier: „Vergiß es," sagt er, und schiebt mich in Richtung Kantine.

주의! 손쎄 아줌마 오는 날이다!

Alarm! Frau Seon kommt!

Frau Seon ist meine Putzfrau. Eine Superperle von Putzfrau. Die beste Putzfrau Koreas, und sie putzt bei mir. Jeden Mittwoch. Ich verlasse das Haus, ohne ihr Anweisungen geben zu müssen. Frau Seon weiß durch jahrelanges Training in Expat-Haushalten, was wie geputzt werden muß. Und was wie mit importierten Waschmaschinen gewaschen werden muß. Und was wie mit importierten Spülmaschinen gespült werden muß. Ich lege ihr am Morgen ein für koreanische Verhältnisse fürstliches Gehalt von vierzigtausend Won auf den Küchentisch plus fünftausend Won für ihre Verpflegung. Ich übersehe großzügig, daß ich damit für ihr Essen doppelt zahle, denn mein Kühlschrank und die Obstschale enthalten deutlich mehr Luft, wenn Frau Seon da war. Im Sommer, wenn sie zusätzlich nach dem Garten schaut, packe ich nochmal zwanzigtausend Won obendrauf. Frau Mileke darf davon nichts erfahren, denn sie fühlt sich für das Wohl von Frau Seon verantwortlich. So ein Rennpferd wie Frau Seon darf man nicht überlasten.

Ich verlasse das Haus mittwochs im Vertrauen darauf, daß ich am Abend alles tiptop vorfinden werde: Gewaschene und gebügelte Hemden, eine leere Geschirrspülmaschine, ein frisch bezogenes Bett, glänzende Böden, trocknende Wäsche auf dem Ständer und leere Abfallbehälter. Und im Sommer einen gepflegten Rasen, eine unkrautfreie Rabatte und null Milchtüten, die schlurfende Eleven der Daedeok-Highschool mir hin und wieder über die Gartenmauer geschmissen haben.

Im Prinzip sehe und spreche ich Frau Seon also nicht, denn ich bin schon längst in der Firma, wenn sie vielleicht um zehn Uhr vormittags mit ihrer Arbeit anfängt. Und wenn ich abends zurückkomme, ist sie schon längst gegangen und hat das Haus und die Fenster vielleicht und hoffentlich hinter sich abgeschlossen.

In den ersten Monaten ihrer segensreichen Tätigkeit wußte ich nicht mal, wie Frau Seon aussieht. Ihr eilte der Ruf voraus, ein Expat – nein nein, keiner der jetzigen – hätte ihr mal unter den Rock gefaßt, und seitdem sei sie äußerst schreck-haft. Als es um die Entscheidung ging, ob Frau Seon für mich putzen darf, mischte sich die Herrn Mileke unterstehende Personalabteilung ein und meldete schwerste Bedenken an, denn schließlich sei ich Junggeselle und ebenfalls ein Expat, also ein „Ex Patria," ein außerhalb seines Vaterlandes leben-der (Wüstling). Der gesunde Erwerbstrieb von Frau Seon und die pragmatische Überzeugungskraft von Frau Mileke haben sich jedoch nach einigem Hin und Her durchgesetzt. So kam es, daß Frau Seon von Frau Mileke für mich engagiert wurde. Auch das Gehalt handelte Frau Mileke an meiner Statt aus. Ein persönliches Interview mit mir war da nicht mehr nötig, denn Frau Seon putzte ja schon bei den anderen Expat-Frauen, zum Teil seit Jahren, bei Frau Mileke dienstags, und Frau Mileke war die beste Referenz, die ich mir wünschen konnte. Sie und auch die anderen Expat-Frauen, bei denen Frau Seon putzte und rund um die Uhr gelobt wurde, schlugen vor, ich möge Frau Seon einen Hausschlüssel geben, so daß sie mittwochs kommen und gehen könne, wann sie wolle. Sie sei über jeden Zweifel erhaben.

Ich hatte also keine Gelegenheit, Frau Seon persönlich kennenzulernen, auch nicht in den folgenden Monaten. Das sollte sich erst an jenem denkwürdigen Mittwoch ändern, der mich beinahe ruiniert hätte. Doch um das begreiflich zu machen, muß ich ein wenig ausholen.

Frau Seon erledigte ihre Aufgaben zu meiner vollsten Zufriedenheit, denn sie ist, wie gesagt, eine Superperle. Nur ganz selten meinte ich, dies oder jenes hätte ich ein wenig anders gemacht als sie. Nehmen wir zum Beispiel die Hemden. Ich wunderte mich in den ersten Monaten, warum mir auffallend häufig morgens beim Anziehen eines frisch gebügelten Hemdes der zweite Knopf von oben absprang. Oder der dritte. Oder beide. Ärgerlich. Ich pflegte dann die Knöpfe mit Büroklammern an das Hemd zu klemmen und für Frau Seon hinzuhängen, aber sie ignorierte meine stumme Aufforderung hartnäckig, auch bei bereitgelegter Nähnadel mit fertig eingefädeltem Faden. Leider konnte ich ihr keinen Zettel hinlegen mit der Aufforderung „Fix the buttons, please" oder so, denn sie war des Englischen ebenso ohnmächtig wie ich des Koreanischen. Auch Cartoons, in denen ich eine emsige Frau mit rauchender Nadel beim Knopfannähen darstellte, hatten keinerlei Wirkung. Auf diese Weise gingen mir allmählich die Hemden und Büroklammern aus. Ein Paradigmenwechsel war fällig. Am nächsten Mittwoch bat ich Hee-Seon, Frau Seon anzurufen und ihr zu sagen, daß sie bitte die Knöpfe annähen solle. Das funktionierte ganz hervorragend, und innerhalb weniger Wochen begriff Frau Seon, daß sie das Bügeleisen nicht zu heiß einstellen durfte, wenn sie das Knopfannähen vermeiden wollte.

Erst viel später erfuhr ich, warum Frau Seon dieses Basiswissen nicht schon längst in den anderen Expat-Haushalten erworben hatte. Die Antworten waren vielfältig. Frau Späth ließ Frau Seon nicht aus den Augen, schon gar nicht beim

Bügeln. Frau Wecker hatte ein Bügeleisen, das nicht so heiß wurde. Frau Kalkofens Mann hatte das Bügeleisen mit einem Tropfen Uhu-Plus leistungsgemindert. Und Frau Mileke ließ Frau Seon nicht in die Nähe der Hemden ihres Mannes kommen, aus Prinzip. Nun darf ich mich also rühmen, Frau Seon die Einstellung der richtigen Bügeltemperatur beigebracht zu haben.

Ich möchte auch erwähnen, daß Frau Seon sehr ehrlich ist. Jedesmal, wenn sie eine Tasse zerdeppert oder ein Bild von der Wand gewischt hat, ruft sie sehr zerknirscht Hee-Seon an und fragt, was sie denn nun machen solle. „Entsorgen Sie die Scherben," sagt Hee-Seon dann, „und legen Sie das Bild vorsichtig auf den Tisch." Das klappt ganz wunderbar, denn Frau Seon weiß, wo die Müllbehälter sind, in denen man auch sperrigen Schrott loswerden kann wie zum Beispiel zerbrochene Glasscheiben, gesprungene Tortenplatten oder chinesische Bodenvasen.

Zur Ehrlichkeit gehört selbstverständlich auch, daß man nichts stiehlt. Ich kann bedenkenlos Geld herumliegen lassen – Frau Seon rührt es nicht an. Höchstens räumt sie es auf. Überhaupt ist Aufräumen eine große Stärke von ihr. Ich bewundere Menschen, die ein bestimmtes Papier in einem bestimmten Ordner ablegen können und es dort auch wiederfinden. Mein Ordnungssinn ist völlig anders konstruiert: Ich weiß, wo ich in einem chronologisch gewachsenen Stapel Papier ungefähr suchen muß, um beispielsweise die Zeugenvorladung des Gerichts zu finden. Ich kann blind hingreifen und habe sofort die hervorstehende, schon etwas verblichene Ecke der Einladung der Deutschen Botschaft zum Tag der Deutschen Einheit in Seoul ertastet oder den Tausend-Won-Schein, den ich als Lesezeichen in den Prospekt über die Sehenswürdigkeiten der Insel Cheju gelegt habe. Frau Seon sind derartige Ordnungsprinzipien wesensfremd, und organisch gewachsene Strukturen müssen zwingend in optisch überschaubare Einheiten überführt werden. Das macht mein Nachhausekommen an jedem Mittwoch sehr spannend: Wo hat Frau Seon zum Beispiel die oben genannte Einladung nun eingeordnet? Wie sinnig – in den Stapel mit den DIN-A5-Papieren. Und wo finde ich die tausend Won wieder? Ah, da sind sie ja, säuberlich neben den Münzen in der untersten Schreibtischschublade. Und wie ästhetisch es aussieht, wenn alle Papiere, die irgendwie bedruckt sind, akkurat nach Größe und Farbe geordnet daliegen. Darauf muß man erstmal kommen.

Eine besondere Seite von Frau Seon habe ich erst kürzlich entdeckt, und zwar ihr detailverliebtes Mitteilungsbedürfnis. Frau Mileke, die schon leidlich koreanisch spricht und bei der Frau Seon, wie bereits erwähnt, ebenfalls putzt, nämlich jeden Dienstag, sprach mich neulich auf einer Party an und fragte: „Sag mal, Jonas, ist das nicht sehr teuer, wenn du jeden Tag eine Flasche Rotwein trinkst?"

Ich habe sie wohl ziemlich entgeistert angestarrt, so daß sie schnell hinzufügte: „Na ja, ich meine ja nur. Frau Seon hat mir erzählt, daß sie bei dir jeden Mittwoch mindestens sieben Flaschen Wein entsorgen muß."

Peng! Aha! Holla!

Wenn ich mir nicht den Ruf eines Säufers einfangen wollte, mußte ich wohl oder übel die leeren Weinflaschen, die ich im Laufe der Woche allein und mit Freunden geleert hatte, jeden Dienstag selbst entsorgen. Und nicht nur das – ich mußte natürlich auch aufpassen, daß meine Unterhosen nicht allzu getragen aussahen oder die Socken zu sehr müffelten, denn es wäre mir peinlich gewesen, wenn derartige Details in den anderen Expat-Familien diskutiert würden. Aber es ist ja kein großer Aufwand, am Abend vor dem Mittwoch kurz die Unterwäsche in die Maschine zu stopfen und das Programm für 60 Grad einzuschalten.

Letztlich überraschte Frau Seon mich damit, daß sie drei meiner Anzughosen gewaschen hatte. Die Hosen machten einen erbärmlichen Eindruck, wie sie da schlapperig auf der Leine hingen. Ich nahm mir vor, in Zukunft besser aufzupassen und meine Anzüge nicht offen herumliegen zu lassen. Frau Seon kann ja schließlich nicht ahnen, daß sie nur deswegen über dem Stuhl hingen, weil ich sie zur Reinigung bringen wollte. Und daß man Anzughosen besser nicht wäscht, hätte ich ihr ja über Hee-Seon ausrichten lassen können. Da bin ich selber schuld, wenn ich das versäumt habe. Ich muß eben etwas mehr mitdenken und vorsorgen. Wenn ich die Topfpflanzen in die Garage stelle und das Gießen selber übernehme, bilden sich nicht mehr so große Wasserlachen auf dem Fensterbrett. Kleinigkeiten eben, die leicht vermeidbar sind.

Natürlich ist es auch eine große Erleichterung für beide Seiten, seit ich das Geschirr schon am Dienstag spüle und wegräume, bevor Frau Seon wertvolle Zeit mit dem Herumrätseln verliert, wo ich die Tassen, Teller, Gläser und so weiter wieder eingeräumt haben will. Ich konnte ihre Verzweiflung nachempfinden darüber, daß die Eßlöffel nicht in das Fach zu den Kaffeelöffeln paßten und sie daher versucht hatte, sie wenigstens daneben bei den Gabeln unterzubringen.

Es wird nun vielleicht verständlich, warum ich in letzter Zeit von Dienstag zu Dienstag nach meiner Rückkehr von der Firma zunehmend nervöser werde, denn mittwochs muß alles perfekt sein, damit nichts schiefgeht, wenn die beste Putzfrau von ganz Korea kommt und ihre fünfundsechzigtausend Won einstreicht. Das Gras ist dann schon gemäht, das Bad blitzt und blinkt, die Hemden sind gebügelt, die Wäsche gewaschen, die Bilder abgestaubt, das saubere Geschirr aus der Maschine geräumt. Frau Seon soll doch mit mir zufrieden sein.

Am vergangenen Dienstag allerdings hatten sich die Vorbereitungsarbeiten für den Auftritt von Frau Seon derart ausgeweitet, daß ich erst gegen zwei Uhr nachts ins Bett fiel und am nächsten Morgen gräßlich verschlief. Ich war noch so müde, daß ich im Adamskostüm um halb zehn am Küchentisch saß und nichtsahnend meinen Kaffee schlürfte, als plötzlich ein Schlüssel in der Haustür klickte und im nächsten Moment Frau Seon in der Tür stand. Ich hatte sie glatt vergessen.

Wir starrten uns an. Ich sah sie zum ersten Mal. Ein kleines, hübsches, energisch wirkendes Persönchen mit einer flotten Kurzhaarfrisur, und ich, der nackte Wüstling, ungekämmt auf dem Küchenstuhl, mit nichts als einer Kaffeetasse zwischen ihr und mir.

Frau Seon hatte mich vollkommen in der Hand. Wenn sie jetzt spitze Schreie ausgestoßen hätte und haareraufend aus der Tür gerannt wäre, um Hilfe zu holen, säße ich jetzt nicht hier an meinem PC. Kündigung, Presse, Gefängnis, Ruin. Alles wäre möglich gewesen. Sie hatte aber auch die Alternative, ruhig zu bleiben, ihre Überlegenheit und meinen Anblick noch ein paar Sekunden auszukosten, um dann mit ihrem Handy Hee-Seon anzurufen und eine Verdopplung ihres Gehaltes anzumelden. Oder eine Verdreifachung. Rückwirkend.

Nichts dergleichen geschah. Sie stellte ihre Tasche ab, murmelte „No Ploblem" und verschwand im Bügelzimmer. Sagte ich nicht, daß sie eine Superputzfrau ist, die beste von ganz Korea?

사장님과의 저녁

Dinner mit dem Presidenten

Ja, ich mag koreanisches Essen, schließlich esse ich es jeden Tag.

Bevor ich Gefahr laufe, es nicht zu mögen, mag ich es lieber. Allerdings werde ich, der ich fast alles esse, was die koreanische Küche zu bieten hat, zuweilen an meine Grenzen geführt, nämlich dann, wenn ich mittags in der Kantine mit dem Löffel und den Stäbchen mühsam das viele Fett und den Knorpel vom Fleisch trennen muß und abends beim Dinner mit ein paar Besuchern aus Deutschland das viele Fett und den Knorpel von Fleisch löse, am nächsten Tag in der Kantine mit einigem Aufwand das Fleisch vom Fett und vom Knorpel zerre und am Abend das Dinner mit einer Gruppe aus der Abteilung nur genießen kann, wenn ich, ja doch, ich wiederhole mich, das Fett und den Knorpel vorher vom Fleisch abgequetscht habe. Mein Problem liegt nicht direkt auf der Hand, sondern sozusagen in wachsenden Mengen an der Seite: Fett und Knorpel. Das mag ich nun mal nicht. Ich finde den Geschmack und die Konsistenz von Fett und Knorpel einfach widerlich.

Aber Knöchelchen und dicke Gräten können mich auch stören, enorm sogar, denn ich hasse es, wenn ich unvermutet auf etwas Hartes beiße oder sich Spitzes schmerzhaft in mein Zahnfleisch bohrt, nur weil die Köchin oder der Metzger ohne die geringste Rücksicht auf die Anatomie des Huhns oder des Schweines oder des Rindes oder des Hundes oder des Fisches mit dem Hackebeil die arme Kreatur in Stücke geschlagen hat, mit deren Größe ein normaler Endverbraucher etwas anfangen kann, also stäbchengerecht.

Sagte ich gerade Hund? Nein, natürlich esse ich keinen Hund. Ich bin entschiedener Gegner von Hundefleisch, nicht nur aus ethischen Gründen. Ich hörte, daß sie bei lebendigem Leibe mit Stroh umwickelt, an einem Fleischerhaken durch die Sehnen der Hinterläufe aufgehängt und dann angesteckt werden. Frau Späth meinte kürzlich auf einer Party, daß die Hunde mit dickem Fell auch ohne Stroh brennen. Im rechten Moment, wenn sie in entsetzlichen Qualen, in Todesangst, jaulend vor Schmerz und Hilflosigkeit mit dem Knüppel erschlagen werden, ist ihr Fleisch wegen des vielen Adrenalins angeblich besonders schmackhaft, und nicht nur Mr. Chang schwört auf die potenzsteigernde Wirkung. Da esse ich doch lieber Ginseng, der gerne als ganze Wurzel in die Suppe gegeben wird, damit man auch sieht, daß Ginseng drin ist. Dieses berühmte Wundergemüse ist in dieser Form nicht unbedingt stäbchengerecht, auch erstaunlich geschmacklos, aber man kann es nicht jedem recht machen.

Besondere Highlights der koreanischen Küche lernt man allerdings erst kennen, wenn man vom Presidenten unserer Firma zum Dinner eingeladen wird. Als Koreaner aus einer der vornehmsten Familien des Landes kennt er sich in den erlesensten Leckerbissen aus. Wir nehmen die Einladung selbstverständlich an, denn man kann einer Einladung von Opa schlecht widersprechen. Erstens ist er unser aller Chef, und zweitens weiß Opa immer genau, ob wir eine wirkliche Entschuldigung haben. Wirkliche Entschuldigungen sind vollständige, körperliche Abwesenheit im Ausland oder Gratwanderungen an der Schwelle des Todes. In beiden Fällen wäre Opa natürlich informiert. Alles andere wären Ausreden.

Wir waren also chancenlos, seiner Einladung auszuweichen, als er uns beiläufig in seinem Vorzimmer ansprach: „Ehe ich es vergesse – heute Abend habe ich den Presidenten von, äh, Kwanjin eingeladen. Ich hätte Sie gerne dabei. Wir treffen uns um sieben im ‚Jaguhada‘.“

„Wo ist das?“

„Oh, *gwändschanajo*, das ist kein Problem, leicht zu finden: Fahren Sie nach Chonju und biegen Sie am Chagotscha links ab. Dann nur noch zwei oder drei Kilometer nach dem Gwan-River.“

Sprachs und verschwand in seinem Office.

Zum Glück hatte seine Sekretärin Miss Sumi das Gespräch mitbekommen.

„Retten Sie uns,“ flehten wir sie an, „wir haben rein gar nichts kapiert!“

Die hübsche Miss Sumi war ganz gelassen: „Ich male es ihnen auf.“

Wenige Minuten später hatten wir eine Skizze, mit der jeder Idiot keine andere Wahl hatte, als mit geschlossenenen Augen in das ‚Jaguhada‘ hineinzustolpern. Es ist schon bedauerlich, daß Frauen in Korea kaum mehr werden können als Sekretärin vom Opa. Oder Adschuma. Eine Adschuma ist eigentlich eine normale Hausfrau, aber auch Synonym für geistige, durch das strenge Patriarchat bedingte Wachstums-behinderung. Solche Frauen sind hoffnungslos unterfordert, wenn ihr Potential dazu verschwendet wird, uns grenzdebi-len Managern zu erklären, wo das ‚Jaguhada‘ liegt. Vermutlich haben sie bereits Selbsthilfegruppen gebildet gegen totale gei-stige Erosion. AA, *Adschuma Anonymous*.

Wir verbeugten uns vor Miss Sumi mit einer Mischung aus Hochachtung und tiefer Trauer über diese Verschwendung, dann verließen wir das Vorzimmer. Ich hatte das irritierende Gefühl im Rücken, daß sie hinter uns herlächelte.

Punkt sieben Uhr stehe ich mit den anderen Expat-Kollegen

auf dem Parkplatz vor dem Restaurant. Opa und sein Gast sind noch nicht da. So haben wir Zeit, die Bambusstauden anzuschauen, die einen zähen Kampf gegen die Schmucklosigkeit des Gebäudes aufgenommen hatten. Mutig, mutig.

Gerade wollen wir Wetten darüber abschließen, wer gewinnen würde, als der *Equus* des Presidenten auf den Kies knirscht. Die Herren steigen aus und kommen auf uns zu. Der President macht uns miteinander bekannt.

„Ich möchte Ihnen Mr. Ley vorstellen, unseren Director für Qualität," sagt er zu seinem Gast, als die Reihe an mir ist, und zu mir gewandt: „Dies ist Mr. Kim, President der Firma Kwanjin."

Mr. Kim und ich tauschen unsere Visitenkarten, wobei die linke Hand den rechten Arm zu unterstützen hat. Je näher der Unterstützungspunkt am Körper liegt, desto geringer die Hochachtung oder auch desto höher die Einschätzung der eigenen Person. Kim unterstützt seinen Arm etwa in der Mitte, was mir verrät, daß seine Firma nicht sehr groß sein kann. Ich mache es ihm nach.

Jetzt sind wir einander vorgestellt und dürfen palavern. Das erweist sich als schwierig, denn er spricht ein derart schlechtes Englisch, daß ich außer Lächeln und „of course" keine vernünftige Äußerung von ihm verstehe. Den anderen Expats und auch Mr. Kim ergeht es ähnlich, und so verzichten wir nach ein paar Minuten darauf, uns zu quälen. Opa und sein koreanischer Gast ziehen es vor, die weitere Unterhaltung in ihrer Muttersprache zu führen, und wir Expats sind es zufrieden, daß wir nicht mehr blöde lächeln müssen.

Wir lassen uns in einem Separée des Restaurants auf dem Boden im Schneidersitz auf roten Kissen nieder. Wer will, darf seine Beine auch unter dem Tisch ausstrecken. Mangels einer Rückenlehne sind beide Möglichkeiten recht unbequem. Ich würde mich lieber hinknien und auf den Füßen sitzen, aber ich weiß, das wäre ganz schlechtes Benehmen, weil es bei den ungeliebten Japanern Sitte ist.

Da der President eingeladen hat, darf er bestellen. Er fragt meist, ob jemand Hund mag, um sich dann an der Entrüstung zu ergötzen, aber der Verzicht auf Hundefleisch ist auch sein einziges Zugeständnis an die begrenzte Belastbarkeit von uns Deutschen. Sobald klar ist, daß kein Hund auf den Tisch kommt, nimmt er sich die Freiheit, das zu bestellen, was ihm sonst noch schmeckt und allen anderen zu schmecken hat.

Er klingelt die Bedienung herbei und gibt seine Order, die niemand außer ihm, Mr. Kim und der Bedienung versteht, denn er spricht dabei sehr schnell, weil er weiß, daß wir Deutschen allmählich immer mehr Gerichte beim koreanischen Namen kennen, seine Bestellung verstehen und dagegen protestieren könnten, wenn er langsam spräche. Die wenigen Minuten bis zum Servieren des Essens werden mit Smalltalk überbrückt. Das ist auf der ganzen Welt so und daher nicht weiter erwähnenswert.

Spannend wird es, wenn plötzlich die Tür des Separées aufgestoßen wird und die Bedienung mehrere Tabletts hereinbringt. Sie trägt traditionell koreanische Kleider, bei denen der breite Gürtel genau über die Brust gebunden wird. Die Frauen sehen darin wie große Puppen aus.

Wir müssen unseren Smalltalk unterbrechen, denn die unzähligen Schüsselchen, Stäbchen, Servietten und Gläser mit überwiegend weißen, roten und grünen Inhalten werden so schnell auf dem niedrigen Tisch verteilt, daß wir vor lauter hin und her schwingenden Armen unser Gegenüber nicht mehr sehen und fasziniert zuschauen.

In der Regel wird immer etwas direkt am Tisch gebraten oder gekocht. Dazu braucht es glühende Kohlen in einem speziell geformten Träger, der in eine Öffnung in der Mitte des Tisches eingesetzt wird. Darüber kommt der Rost, und dann drapiert die Bedienung auch schon das rohe Fleisch in großen Lappen darauf und schnippelt es nach dem Anbraten mit einer Schere klein, wobei ich mich stets ärgere, wenn die Sehnen, das Fett und der Knorpel nicht ab-, sondern durchgeschnitten werden, so daß nur wenige schiere Stücke anfallen. Aber ich weiß nun mal nicht, wie ich die Bedienung auf Koreanisch anfauchen könnte: „Schneide doch das ungenießbare Gezadder ab!"

Nachdem man seine Favoriten und auch die der Tischnachbarn mit den Stäbchen mehrfach gewendet und hin und her gezupft hat, bis die besten Bissen alle in eigener Reichweite liegen, nimmt man den dicksten Brocken auf ein Salatblatt und fügt aus den Schüsselchen Knoblauch und in scharfen Soßen getränkte Gemüsestückchen hinzu, garniert das Häuflein noch mit ein paar getrockneten Algen, Tang und Quallestückchen, faltet das Blatt vorsichtig zusammen und schiebt, besser stopft es mit den Fingern in den Mund. Dabei ist Vorsicht angebracht, denn ein Salatblatt platzt leicht, und die zum Teil dünnflüssigen Soßen laufen dann mitleidlos das Kinn herunter und tropfen auf Krawatte, Hemd und Hose.

Jetzt gibt es je nach Zutat, Erfahrenheit des Gastes und Gemeinheit der Köchin eine mehr oder minder heftige Geschmacksdetonation. Der Pfeffer und der Chili entfachen auf den Nerven der Zunge Flächenbrände, die rasch auf den Gaumen und den Rachen übergreifen und mit nichts mehr zu stoppen sind. Es wird sehr still in der Runde, weil jeder mannhaft ein befreiendes Röcheln unterdrückt, in äußerster Selbstbeherrschung die Augen und Lippen fest schließt und damit den Tränen keine Chance gibt. Von außen könnte das als genießerische Geste mißdeutet werden. Anfänger murmeln, während sie nach einem Taschentuch nesteln, etwas vom Schnupfen und einer Erkältung, oder sie erzählen eine rührende Episode von dem kürzlich verstorbenen Onkel, welch ein Verlust. Das können sie sich sparen, denn die triefende Nase verrät den Neuling.

Dann sagt der President „Oh, Sie haben ja noch gar nichts zu trinken", und er greift nach der weißen Flasche in edlem Design. Sie sieht teuer aus. Man muß dann die Stäbchen umgehend fallenlassen, sich ein Glas nehmen und es dem Präsidenten hinhalten, dabei aber unbedingt mit der freien Hand den Arm unterstützen und je nach hierarchischer Relation zu ihm weiter am Handgelenk oder am Oberarm. Da er mein Chef ist, unterstütze ich meine Hand etwa an der Manschette, das ist sehr respektvoll, aber noch nicht unterwürfig. Er hat seinen Arm am Ellenbogen angefaßt, wenigstens nicht am Oberarm – ich bin in seiner Achtung also noch nicht unten durch.

Jetzt wird das Glas nach dem Prost in einem Zuge geleert, und das ist die zweite Angriffswelle auf die Gesundheit. Man braucht keine Angst vor dem Sterben zu haben, wenn der hochprozentige Reisschnaps das Blut pochend in den Kopf treibt, und der President beruhigt auch: „It's very healthy!", aber Pensionsalter und durchschnittliche Lebenserwartung der Koreaner liegen satte acht Jahre niedriger als in Deutschland, das stimmt nachdenklich.

Nachdem unser Beiß- und Verdauungsapparat auf das Dinner eingestimmt wurde, können wir uns ganz auf die Inhalte der übrigen Schüsselchen und Flaschen konzentrieren.

„You must try this," sagt der President und deutet mit seinen Stäbchen auf appetitliche Stücke, die wie caramelisierte Nüsse aussehen. Ich nehme mir ein ordentlich großes Exemplar, schiebe es in den Mund und erstarre: Knorpel. Reiner, dicker, entsetzlich glupschiger Knorpel. Jetzt nur nichts anmerken lassen, denn der President beobachtet scharf und wartet auf mein Urteil.

Ich kaue den Bissen an, kämpfe tapfer gegen meinen Brechreiz. Es gelingt mir, ihn ein wenig zu zerkleinern, bis ich ihn endlich herunterwürgen kann. Dann atme ich auf.

„Oh, it's delicious."

Der President strahlt zufrieden. „Yes, it's from the knee of the cow," sagt er und drückt auf den Klingelknopf am Kopfende des Tisches, um die Bedienung zu rufen. Eine der Riesenpuppen steckt den Kopf zur Tür herein, der President erteilt ein paar knappe Anweisungen, und wenig später wird die Suppe hereingetragen. Sie riecht köstlich. Sie sieht appetitlich aus, sie wird mir schmecken. Sind das da nicht viele, viele klitzekleine Krabben in der Suppe? Ich liebe Krabben!

Dann nehme ich einen Löffel voll in den Mund. Der Geschmack ist merkwürdig, die Konsistenz irgendwie anders als erwartet, es knirscht zart zwischen den Zähnen. Sollten die Krabben etwa nicht geschält sein? Ich betrachte sie genauer. Tatsächlich: da, die Beinchen und Fühler. Oh heiliger Lukull, rette mich! Aber es hilft nichts. Die Suppe wird ausgelöffelt.

Das Dinner ist noch nicht überstanden. Ein neuer Gang wird hereingetragen. Tintenfische, ganz frisch, lebend. Sie zappeln und winden sich. Die Großpuppe schneidet die Ärmchen über dem Teller mit einer Schere ab. Der President nimmt eins mit seinen Stäbchen und steckt es in den Mund. Seine Zähne beginnen ihre Arbeit. Ich fühle körperlich, wie sich die Tintenfischärmchen in stummem Protest dieser Tortur zu widersetzen suchen, indem sie ihre Saugnäpfe an den Gaumen andocken, aber die Zähne des Presidenten sind schneller.

„You want to try?" fragt er mit vollem Mund und puhlt sich mit einem Finger die Mundhöhle frei. Das eröffnet die Möglichkeit, dem auszuweichen.

„Oh, I prefer the meat."

Er lacht, und ich rolle meine nächste Geschmacksbombe in

ein Salatblatt. Lieber innerlich vom Pfeffer zerfressen als von einem Tintenfisch.

Wieder geht die Tür auf, welche Gemeinheit kommt jetzt? Sind das etwa geröstete ... ich wage nicht, den Gedanken zu Ende zu denken, aber die Realität ist erbarmungslos. Ja, es sind geröstete Heuschrecken.

„That is the best," sagte der President, greift sich ein fettes Exemplar und schiebt es zwischen die Zähne, wo es knisternd zersplittert. Ich darf jetzt nicht schlapp machen, denn ich habe noch einige Zeit in Korea vor mir, so es das Schicksal nicht anders will. Ich schaffe es, mein Hirn komplett auszuschalten, in die Schale zu greifen und eines dieser Dinger in meinen Mund zu schieben. Dann beginne ich automatisch zu kauen, nichts denkend. Ich fühle, wie sich ein nussiger Geschmack breitmacht, sich mit meinem Speichel vermengt und dann langsam den Abgang hinabrutscht. Das war eine Heuschrecke? Unglaublich. Das war ja echt lecker! Ich greife einen weiteren Hüpfer und kaue ihn durch, genußvoll. Ich mag Heuschrecken! Wo sind meine gegenteiligen, tiefsitzenden, frühkindlichen Prägungen geblieben? Ich bin sehr irritiert.

Opa schaut uns wohlwollend an.

„Welcome to Korea," sagt er.

„I'm glad to be here," sage ich.

Wir prosten uns alle miteinander zu. Eigentlich ist die koreanische Küche doch ganz passabel. Ja, ich mag koreanisches Essen, schließlich esse ich es jeden Tag. Bevor ich Gefahr laufe, es nicht zu mögen, mag ich es lieber. Sagte ich das nicht schon zu Beginn?

반출금지 Sperrvermerke

Vorhin raunte Hee-Seon mir zu: „Du siehst ja ganz bleich aus, Alles okay?" Augenblicklich fühlte ich mich ausgelaugt, abgeschlafft, todmüde. Ich beschloß, heute früher als sonst nach Hause zu fahren und mich gleich ins Bett zu legen.

Das Meeting mit N.P. Kim hatte mir vor Augen geführt, daß sich meine Erfolge in Korea in engen Grenzen halten würden. Gegen den kam ich einfach nicht an. Frustrierend.

Es begann mit meiner gestrigen E-Mail an ihn: „Sperren Sie sofort alle Einzelteile der Scheibenwischeranlage für die Firma Ssang-Yong, Teilenummer 4711, mit Fertigungsdatum vor 1999. Grund: Vom Stammwerk weitere Verwendung verboten." Bis jetzt hatte ich noch keine Reaktion von ihm.

Vorhin begegnete mir N.P. Kim auf dem Gang, so daß ich ihn abfangen und fragen konnte:

„Mr. Kim, haben Sie die Teile gesperrt?"

Er schaute mich ernst an.

Ich wiederholte meine Frage: „Gestern habe ich Ihnen eine E-Mail geschickt mit der Anweisung, die Teile zu sperren."

N.P. Kim ist nicht blöde. Als *Section Manager*, der in Deutschland etwa mit einem Gruppenleiter vergleichbar wäre, hatte er schon Personalverantwortung, und ich wußte, daß er im Pokerspielen ein As war. Trotzdem hatte er jetzt diesen debilen Gesichtsausdruck, den ich von mir selbst kenne, wenn ich morgens völlig unausgeschlafen ins Bad getorkelt bin und versuche, mich im Spiegel wiederzuerkennen.

Ich machte noch einen Anlauf: „Mr. Kim, haben Sie meine

E-Mail gelesen?" Immer noch keine Reaktion. Ich wechselte die Taktik: „Also, ich drucke die E-Mail aus und gebe sie Ihnen gleich."

Damit ließ ich ihn stehen und ging zu meinem Platz. Nach ein paar Mausklicks hatte ich das Papier in der Hand und ging an seinen Schreibtisch. Er schaute mich mit einem Blick an, der mich zweifeln ließ, ob ich ihn beim Pokern schlagen könnte.

„Hier, Mr. Kim. In dieser E-Mail hatte ich Ihnen geschrieben, die Teile für Ssang-Yong zu sperren. Schauen Sie, hier steht es," und ich zeigte ihm die Stelle. Er nahm das Papier, sah mich an und sagte: „Ich kümmere mich darum." Dann nahm er das Papier und eilte aus dem Büro.

„Danke," sagte ich, ‚na endlich' dachte ich.

Etwa eine Stunde später tauchte er in Begleitung von Mr. P.P. Choi wieder auf. Mr. Choi hatte Germanistik studiert, einige Jahre in Deutschland gearbeitet und konnte fast so gut Deutsch wie Hee-Seon.

Die beiden näherten sich zögernd. „Können wir Sie mal was fragen?"

„Aber klar doch. Nehmen Sie Platz." Die beiden setzten sich langsam an meinen runden Besprechungstisch. Ich erhob mich vom Schreibtisch und ging zu ihnen.

„Also, worum geht es?"

„Es geht um Ihre E-Mail. Herrn Kim ist nicht klar, was Sie meinen."

„Was genau ist unklar?"

„Alles."

„Nun, dann werde ich den Fall nochmal erklären: Die Teile, um die es geht, dürfen nicht mehr verwendet werden."

„Alle Teile für Ssang-Yong?"

„Aber nein, nur die Teile mit einem Fertigungsdatum vor 1999. Diese Teile sind nicht mehr tauschbar und dürfen daher nicht in der jetzigen Serie verbaut werden, weil inzwischen einige Änderungen eingeflossen sind. Die Teile waren mal auf Lager gelegt worden, weil Ssang-Yong das damals von uns verlangt hatte. Nun werden sie aber definitiv nicht mehr gebraucht. Das Stammwerk in Deutschland hat die Verwendung verboten, weil die jetzige Serie andere Teile benötigt."

„Verstehe," sagte Mr. Choi und übersetzte Mr. Kim das Ganze. Daraufhin entstand eine heftige Diskussion auf Koreanisch. Ich kannte das schon – wenn sie nach fünf Minuten immer noch diskutierten, mußte ich unterbrechen und fragen, wo der Haken sei.

Die fünf Minuten waren um.

„Meine Herren, wo ist der Haken?"

Mr. Choi unterbrach die Diskussion offenbar nur ungern.

„Der Haken ist, daß die Teile siebzig Millionen Won kosten."

„Ich weiß," sagte ich, „aber diese hundertzwanzigtausend Mark müssen wir abschreiben, da geht kein Weg dran vorbei. Es sei denn, Ssang-Yong will die Teile haben."

Offenbar verstößt das Verschrotten von Teilen gegen ein koreanisches Urgefühl, denn beide zogen die Luft leise zischend zwischen den geschlossenen Zähnen ein.

„Wir werden am Dienstag in einer Woche eine Besprechung mit dem Verkauf haben, um die Sache zu beraten." Mr. Kim zeigt jetzt Kooperationswillen, aber das genügte mir nicht.

„Das war nicht mein Auftrag. Ich sagte nicht ‚beraten Sie über die Teile' sondern ‚sperren Sie die Teile'".

„Okay, ich werde eine E-Mail an das Lager schreiben, daß die Teile nicht verwendet werden dürfen," sagte Mr. Kim.

Ich ließ nicht locker: „Mr. Kim, woher wissen Sie, ob der Mann im Lager Ihre E-Mail beachten wird?"

Leise zischende Zähne.

„Setzen Sie besser einen Sperrvermerk in die Lagermaske, damit kein Lieferschein ausgedruckt werden kann."

Mr. Choi war hier Experte: „Das geht nicht."

„Und warum nicht?"

„Weil das SAP-System nicht vorsieht, diese Handelsware zu sperren. Wir haben die Teile für Ssang-Yong ja nur von Deutschland gekauft und wollten sie an Ssang-Yong weiterverkaufen. Wir haben sie nicht selber produziert."

„Das SAP-System wurde nicht vom lieben Gott gemacht, sondern von Menschen. Dieses Loch muß gestopft werden."

„Das geht aber nicht so schnell, Sir," sagte Mr. Kim.

Ich wurde allmählich ungeduldig: „Dann bringen Sie die Teile ins Sperrlager."

Mr. Choi war sichtlich irritiert: „Sperrlager?"

Mir fühlte, wie sich meine Hände immer tiefer hineinwühlten. Der Grund der Latrine war noch nicht erreicht.

„Okay, wenn es hier kein Sperrlager gibt, dann nehmen Sie das rote Sperrband mit dem Aufdruck „... gesperrt gesperrt gesperrt ..." und kleben es auf und um die Gebinde mit den Teilen, und fügen Sie ein Sperrprotokoll dazu, damit jeder, der die Teile entnehmen will, weiß, daß und warum er das nicht darf."

„Wir haben so ein Sperrband nicht," sagte Mr. Choi treuherzig.

Wer hatte hier die besseren Nerven – die oder ich?

„Mr. Kim, schreiben Sie jetzt die E-Mail ans Lager."

Er stand auf und ging mit seinem Pokergesicht an seinen Platz. Er kochte innerlich, ließ sich jedoch nichts anmerken. Aber auch ich konnte von mir nicht behaupten, guter Laune zu sein. Mr. Choi war sitzen geblieben und wollte sich offenbar noch mit mir unterhalten.

Als Mr. Kim außer Hörweite war, sagte er: „Sir, Mr. Kim konnte ihre E-Mail nicht ausführen."

„Und warum nicht?"

„Weil er sie nicht verstanden hatte."

„Mag ja sein, aber dann hätte er mich doch fragen können."

„Er kann doch seinen Direktor nicht etwas fragen."

„Gütiger Himmel, warum denn nicht?"

„Das verträgt sich nicht mit der koreanischen Kultur."

Ich beginne zu begreifen, aber mir entfährt ein Seufzer: „Ich würde das eher Unkultur nennen."

„Nein, Sir, es ist Kultur," sagte Mr. Choi lächelnd.

Da war er wieder, der koreanische Geist. Und er gab mir warnend zu verstehen, daß ich noch weit davon entfernt war, dieses Land zu verstehen. Wie gesagt, ich werde heute mal früher ins Bett gehen.

모임에서 잘난

Party-Arroganz

척 하는 사람들

Die erste koreanische „Botschafterin" war für mich Oki. Sie bat darum, von mir Oki-Schi genannt zu werden, denn die Silbe „Schi" drücke aus, daß wir uns beide auf derselben Ebene begegneten – sie als die Jüngere, aber als meine Sprachlehrerin, ich als der Ältere, aber als ihr Schüler. Oki-Schi und Jonas-Schi – wir waren gleichberechtigt.

Jeden Morgen fuhr ich von Bühl nach Kehl, wo Oki in der Sprachenschule *Interparla* bereits auf mich wartete, obwohl sie aus Straßburg mit öffentlichen Verkehrsmitteln anreisen mußte. Manchmal hatte sie ihren Bus oder den Zug verpaßt, dann wartete ich auf sie, bis ihr elsässischer Freund sie in einem zerbeulten Renault brachte. In der Zwischenzeit versuchte ich, einige Grammatikregeln und Vokabeln aufzufrischen, die Oki-Schi mir am Vortag erklärt hatte.

Oki promovierte in Straßburg über den koreanischen Akkusativ, und sie verdiente sich ihren Lebensunterhalt durch Jobben in Restaurants.

Das imponierte mir, und da sie zudem sehr attraktiv aussah, stets adrett gekleidet war und auf mich einen ehrlichen, integren Eindruck machte, waren meine ersten, prägenden Eindrücke über Korea sehr positiv. Oki war dadurch für mich eine ganz hervorragende Botschafterin ihres Landes. Ich denke heute noch manchmal gerne und mit großer Achtung an sie. Sie hat maßgeblich mein positives Korea-Bild mitbestimmt.

Heute weiß ich, daß Oki ein apartes, aber nicht außergewöhnliches Gesicht hatte. Einige junge Frauen in der Firma sehen Oki ein bißchen ähnlich, weil sie ebenfalls das etwas breite, fast quadratische Gesicht haben mit dem energischen Kinn, aber trotzdem weich und weiblich.

Eigentlich wollte ich dieses Lesehäppchen aber nicht den Koreanerinnen oder Oki widmen, sondern nachvollziehbar machen, wie mein erster Eindruck von Korea entstand und warum er so positiv ist.

Oki hat einen nachhaltigen Eindruck bei mir hinterlassen und somit meinem Koreabild eine solide Grundierung gegeben. Oki war kompetent, intelligent, frisch, konzentriert, geduldig, und Oki verkörperte für mich Korea.

Dieser erste Eindruck von Korea war bald danach dem koreanischen Alltag ausgesetzt, und ich wollte ihn schützen, denn er war wertvoll. Einige meiner deutschen Kollegen versuchten, dieses Bild zu demontieren. Selbstverständlich nicht in böser Absicht, sondern vielleicht nur deshalb, weil ihr erster Eindruck von Korea zum Beispiel nachhaltig von der Busfahrt vom Flughafen Kimpo durch Seoul bestimmt wurde, übermüdet vom langen Flug und bei frustrierend naßkaltem Wetter. Und sie hatten vermutlich auch keine Oki-Schi als Botschafterin.

„Es ist kein Wunder, daß Sie Ihr Koreabild verteidigen," sagte mir Herr Mileke gestern auf einer Party bei Frank. „Sie sind ja auch erst seit drei Monaten hier." Und dann strahlte er wie Thomas Gottschalk, aber merkwürdig, ich konnte nicht mitstrahlen, denn ich fühlte mich als der Frischling klassifiziert, der noch keine Ahnung hatte, wie die Koreaner „wirklich" sind. Und Mileke setzte noch eins drauf:

„Es wäre auch schlimm, wenn Sie jetzt schon anders dächten, als Sie es tun." Und wieder strahlte er, als ob das wirkliche Bild der Koreaner langsam, sicher, unausweichlich mein völlig schiefes, blauäugiges Kinderfoto von den Koreanern über kurz oder lang ersetzen würde, und Herr Mileke wußte alles. Er war ja schon zwei Jahre hier.

Es behagte mir nicht, eventuell eine Fehlentscheidung getroffen zu haben, indem ich hierherkam. Der erste Eindruck ist meist richtig, hämmerte ich die aufkeimenden Zweifel in den Hintergrund, und mein erster Eindruck war Oki, die beeindruckende Koreanerin aus Straßburg.

Dann laberte mich Herr Wieland an, der Kurzbesucher aus der deutschen Einkaufszentrale: „Na, schon bereut?"

Ich ahnte, daß er meine Entscheidung meinte, nach Korea zu gehen, dieser Schnösel, aber ich stellte mich dumm: „Ja, ich hätte schon früher nach Korea kommen sollen."

„Was Sie nicht sagen. Also, in diesem Land wollte ich nicht geschenkt länger leben als unbedingt erforderlich. Schon allein das Essen ..."

„Was soll den mit dem Essen sein? Ein bißchen schärfer als in Deutschland, ja, aber nach einer Weile gewöhnt man sich dran."

„Und dann die Verkäufer in den Geschäften – die gehen mir richtig auf die Nerven," stänkerte er weiter.

„Nun ja, manchmal sind sie auch mir lästig," gab ich zu, „aber der Service ist einfach spitze."

„Beim Service haben Sie bestimmt recht," lenkte er ein, schoß dann aber sofort eine Breitseite ab: „Aber der beste Service nützt nichts, wenn die Leute einfach inkompetent sind. *Balli-balli-action*, ohne vorher nachzudenken. Glauben Sie mir, Sie werden hier nichts ändern."

„Den Eindruck habe ich nicht. Schauen Sie sich doch mal um, was die Koreaner seit dem Koreakrieg aufgebaut haben. Das Land war total ausgeplündert und abgeholzt, und jetzt hat es ausgedehnte Wälder bis zum Horizont."

„Und Plattenbauten bis in den Himmel. Denen sollte man

den Beton wegnehmen, sonst verunstalten die die ganze Landschaft. Überall zehnspurige Autobahnen, Bagger und Baustellen."

„Also, von außen sehen diese Plattenbauten wirklich nicht schön aus, zugegeben, aber waren Sie mal in einem drin? Das sind Wohnungen mit 160 Quadratmetern, schick geschnitten, Wintergärten. Und überhaupt nicht hellhörig. Ich hätte nichts dagegen, in so einem Plattenbau zu wohnen."

Frank, der die letzten Minuten schweigend zugehört hatte, mischte sich jetzt ein: „Leute, streitet euch nicht. Seien wir doch mal ehrlich: Wir leben hier nicht schlecht. Es gibt hier alles, was man sich nur wünschen kann. Warum also auf dieses Land schimpfen?"

Herr Wieland geriet in die Defensive und griff zu schärferen Waffen: „Wenn die Koreaner wenigstens mal etwas so umsetzen würden, wie ich es ihnen angegeben habe. Aber nein, sie haben irgendeine Scheißidee und halten sich nicht an die Abmachungen. Und wenn ich ihnen eine deutsche Zeichnung schicke, hat sie in der nächsten Stunde der Wettbewerber per E-Mail."

„Das ist allerdings ein Problem für uns. Ich denke, hier hilft nur Aufklärung," sage ich.

„... und Konsequenz," ergänzt Frank, „aber die Wettbewerber können mit den Zeichnungen nicht viel anfangen, denn das eigentliche Know How liegt in den Produktionstechniken."

„Ihr könnt sagen, was ihr wollt," zog Wieland sich zurück, „ich bin froh, morgen wieder nach Deutschland zu fliegen und ein anständiges Stück Brot zwischen die Zähne zu bekommen."

Ich wurde langsam wütend:

„Und ich war froh, als ich vor ein paar Tagen von einer Geschäftsreise wiederkam und ein zunehmend unsympathisches Land mit vielen Vorschriften und Verboten hinter mir lassen konnte, in dem die Diskussionen um Rechtsradikalismus und BSE und die MKS und die Benzinpreise und das Wetter und das Finanzamt und die Rentenmisere und die Korruption und und und nicht abreißen!"

Wieland fragte etwas dümmlich: „Welche Vorschriften meinen Sie denn?"

Ich fauchte: „Zum Beispiel die, die ich bei meinem letzten Besuch in Stuttgart im Schloßpark gesehen habe. Anstelle einer Tafel, die etwas über die wunderschönen Gebäude hätte erzählen können, wie man sie hier an jedem Tempel sieht, stand da ein Schild – Moment, vielleicht bringe ich noch ein paar Einzelheiten zusammen:

,Diese Grünanlage des Landes Baden-Württemberg dient der Gesundheit und der Erholung. Jede Belästigung anderer ist zu vermeiden. ... Deshalb ist insbesondere untersagt:

Das Nächtigen in der Zeit von 20.00 bis 6.00 Uhr,

das Betteln,

das Verrichten der Notdurft,

das unbefugte Plakatieren und Beschriften ...'

und so weiter und so weiter und so weiter. Man darf nichts verunreinigen, nichts außerhalb der Kennzeichnungen betreten, nichts entfernen, nichts hinzufügen, nichts überklettern, nichts abreißen, zuschneiden, beschädigen, befahren, abstellen. Man darf nicht baden, sporteln, zelten, Boot fahren, Dienste anbieten, Werbung treiben, reiten und so weiter und so weiter. Das Schild ist riesig. Und wenn man es sorgfältig gelesen hat, bleibt man am besten stocksteif stehen und rührt sich nicht mehr vom Fleck, bis jemand gekommen ist und einen amtlich an die Hand nimmt und aus der Gefahrenzone herausführt, denn Zuwiderhandlungen werden mit Geldbußen bis 1000,- DM belegt. Haben Sie hier in Korea jemals so ein Schild gesehen, Herr Wieland?"

Frank schaute mich verblüfft an: „Mensch, Jonas, du hast dich hier offenbar schon gut eingelebt. Super!"

„Ja, und ich fürchte, es wird ein Problem für mich werden, wenn ich eines Tages wieder nach Hause muß."

주소 Meine Adresse

Meine Adresse lautet:

Jonas Ley

383-25 Doryong-Dong, Yuseong-Gu, 305-340 Daejeon,
Korea.

Diese Adresse habe ich, als ich sie das erste Mal las, fast sofort
verstanden. Es konnte sich natürlich nur um Südkorea han-
deln, denn mit Nordkorea kommuniziert bekanntlich keiner,
jedenfalls niemand, der den Entschluß fassen sollte, mir etwas
zu schicken oder sich nach meiner Wohnung durchzufragen.
Daejeon ist auch klar, denn das ist die Stadt, in der ich wohne.
Die Angabe 305-340 ist vermutlich eine Postleitzahl. Den Rest
habe ich mir von Hee-Seon erklären lassen:

„Yuseong-Gu ist das Gebiet Yuseong," sagte sie.

„Und was heißt Gu?"

„Gebiet."

„Aha. Also Yuseong-Gebiet."

„Ja."

„Und was heißt Doryong-Dong?"

„Genau kann ich es nicht sagen, denn dazu müßte ich die
chinesische Schreibweise sehen. Aber ich vermute mal, das
Doryong so viel heißt wie ‚kleines Krokodil'."

„Und Dong?"

„Dong heißt Distrikt."

Jetzt ist alles erklärt. Ich wohne also im Gebiet Yuseong, im
Distrik Doryong. Und in diesem Distrikt gibt es das Planqua-

drat 383, in welchem ich das fünfundzwanzigste Haus habe, das dort gebaut wurde.

„Straßennamen habt ihr wohl nicht in Korea?" frage ich Hee-Seon.

„Manchmal schon, aber nicht in dem Gebiet Doryong."

Nun, dann eben nicht. Muß ja auch nicht sein, so lange der Postbote zu mir findet. Ich habe daran keinen Zweifel, denn er hat mir bisher ausnahmslos sämtliche Rechnungen gebracht, zuweilen auch die fremder Leute, die aus unerfindlichen Gründen an mich adressiert waren, obwohl ich nicht das Mindeste damit zu tun hatte.

„Was soll ich damit machen?" hatte ich Hee-Seon gefragt.

„Schmeiße sie weg."

Ich schmiß sie weg. Das schien zu funktionieren, denn ich bekam noch nie eine Mahnung für die Rechnung fremder Leute.

Vor ein paar Tagen kamen Arbeiter, gruben ein Loch auf dem Gehweg vor meinem Haus und betonierten einen hohen Mast ein, der oben ein Straßenschild trug: „Doryong5(o)-gil". Und an meine Gartenmauer nagelten sie ein Schild mit der Aufschrift: „87 Useonggi-gil".

„Was heißt das?" fragte ich Hee-Seon.

„Offenbar bekommt ihr in eurem Viertel nun doch Straßennamen."

„Und neue Hausnummern, und neue Distriktnummern."

„Möglich," sagte sie etwas gelangweilt, „warum regst du dich darüber so auf?"

„Weil sich dann kein Mensch mehr auskennt. Und weil ich mir erst vor zwei Wochen ein sündhaft teures Messingschild mit der alten Hausnummer angedübelt habe. Und weil der Briefträger dann noch mehr Mist machen wird. Und weil ich nicht weiß, wie die neue Adresse angeordnet werden muß."

Hee-Seon war etwas begriffsstutzig: „Was meinst du damit?"

„Muß ich das Doryong-Dong und das Yuseong-Gu nun streichen und ersetzen durch die neuen Angaben? Und wenn ja, in welcher Reihenfolge, ich meine erst der Distrikt und dann die Straße oder wie?"

Jetzt endlich wurde sie konstruktiv: „Ich werde mich erkundigen," sagte sie.

Nach wenigen Telefonaten hatte sie die städtischen Planungen in Erfahrung gebracht: „Du brauchst dir keine Sorgen zu machen," sagte sie, „die neuen Adressen werden erst in einem Jahr oder so gültig."

„Und warum werden sie dann jetzt schon angebracht?"

Hee-Seon reagierte als Koreanerin wieder mal völlig untypisch: „Ist das jetzt wichtig? Soll ich noch mal anrufen?"

„Du hast recht: Vergiß es."

올리브에서 In der Olive 1

An unserem Stammtisch in der *Olive*, 51. Straße, treffen sich die Koryphäen der ganzen Welt an jedem Dienstag. Alan aus Memphis, Gregor aus Georgien, Alexander aus Moskau, Juli aus LA, Frank aus Wuppertal und noch ein paar andere, die nur unregelmäßig kommen und deren Namen ich mir daher nicht merken kann. Na ja, und meine Wenigkeit. Ein bunter Haufen von Physikern, Ingenieuren und Managern, die auch manchmal ihre Frauen mitbringen. Wir sprechen Englisch, natürlich, und deshalb läßt sich kein Koreaner blicken. Freie Bahn in der *Olive*, 51. Straße, über „die Koreaner" nach Herzenslust zu lästern. Selbstverständlich tun wir das nur höchst selten, denn es gibt durchaus wichtigere Themen von internationalem Interesse. Aber manchmal ist das für die Seelenhygiene sehr erfrischend. In unseren Verträgen steht zum Glück nicht, daß wir alles gut finden müssen, was wir hier erleben.

Jeder hat ein Bier vor sich, Cass oder Heinen oder das dunkle Stout, und die Bedienung hat ungefragt mehrere Schüsseln mit Popkorn auf die Tische verteilt, die wir zu einer langen Tafel zusammengeschoben haben. Wir beginnen sofort mit dem Knabbern, und die Splitterchen bedeckten in kürzester Zeit die Tische und den Fußboden. Jetzt ist es gemütlich, jetzt können wir anfangen.

Alexanders Stimme läßt aufhorchen: „Leutä, ich muß demnächst zurrick nach Moskau."

Allgemein gemurmelter Protest und die Frage „Wieso? Du bist doch noch nicht so lange da?"

125

„Das Budget ist gekirzt worrden. Darum."

„Ach so," sagt Alan, „das ist nicht weiter tragisch. Im nächsten Monat werden sie den Fehler bemerken und dich wiederholen. Dann bist du in zwei Monaten wieder da."

„Ja," sagt Alexander, „aber ich muß zweimal umziehän."

Wir bedauern ihn ein bißchen, aber so richtiges Mitleid will nicht aufkommen. Da müssen schon andere Geschütze aufgefahren werden, um Eindruck zu schinden.

„Wir bekommen demnächst weitere zwei Ingenieure," sage ich.

„Was?" Alan will es nicht glauben, „Ihr seid doch schon zehn oder so."

„Ja, aber die Koreaner entwickeln nicht. Sie können nur ‚benchmarken'."

„Benchmarken?"

„Ja. Ursprünglich war damit eine Methode zur Leistungssteigerung zweier Firmen gemeint, indem sie sich gegenseitig verglichen und die guten Ideen des anderen übernahmen. Das funktionierte bei Firmen, die etwa gleich stark waren und den gegenseitigen Vergleich nicht scheuen mußten. Inzwischen ist aber das eher sportliche Benchmarking zu einem hemmungslosen Abkupfern verkommen."

„Hast du dafür ein Beispiel?"

„Geh doch mal auf die Straße. Alle Modelle von Hyundai, Kia, Ssanyong, Daewoo und so weiter, die du dort siehst, sind durch die Bank peinliche Kopien von Mercedes, BMW und so weiter."

„Na ja, mag ja sein, aber was ist besser: Ein eigenes Design, daß sich nur vielleicht international gut verkauft, oder ein geklautes Design, das mit hoher Wahrscheinlichkeit zum Exporthit wird, weil es billiger ist als das Original?"

Ich mag diese moralische Falle nicht, muß aber zugeben, daß ich die Strategie des geistigen Straßenraubs nachvollziehen konnte. Besser eine ausgelastete Fabrik, die Erzeugnisse mit geklautem Design herstellt, als riskante Eigenentwürfe. Aber wenigsten ein einziges eigenes Design hätten die Koreaner doch auf die Beine stellen können. Ich gebe nicht auf: „Wenigstens ein einziges eigenes Design ...“

„Das können sie nicht,“ meldet sich Angelique aus Canada zu Wort. „Die Tochter meiner Freundin geht hier in eine Babtistenschule. Schrecklich, wie die Kinder dort gleichgeschaltet werden. Bei einem Frühlingsbild muß die Sonne links gemalt werden, die Wolke rechts, der Baum in der Mitte. Und wehe, sie macht es anders.“

Wir nicken einmütig. Wenn man Kinder derartigen Zwängen aussetzt, wird Kreativität abgewürgt.

„Im *Walmart* haben sie jetzt Bilder ausgestellt,“ schiebt Angelique nach, „kein einziges Bild ist kreativ. Überall dieser schreckliche Mönch mit den Glubschaugen.“ Wer kennt den nicht.

Juli sagt: „Und die Musik erst! Es ist nicht zum Aushalten. Die klassische koreanische Musik kann man zur Yoghurtherstellung benutzen.“

Zustimmendes Gelächter.

Alan gibt zu bedenken: „Also Leute, das ist ja alles richtig, aber ich bewundere dieses Volk trotzdem. Sie haben sich ihre Identität bewahrt. Sie haben klare Werte.“

Juli lenkt ein: „Ja, das stimmt auch wieder. Ich persönlich empfinde es als richtig erleichternd, daß es in diesem Land praktisch keine sexistische Werbung gibt.“

Zustimmendes Gemurmel.

„Und ehrlich sind sie, meine Koreaner!“

„Das kann ich bestätigen,“ ergänze ich, „mir ist noch nie in einem Geschäft zu wenig Wechselgeld herausgegeben worden.“

„Und ich habe mal meine teure Digitalkamera verloren,

zweitausend Mark hatte sie gekostet," erzählt Frank. „Da war keine Adresse dran, kein Name, nichts. Ich wußte nicht mal, daß ich sie in einem Bus liegengelassen hatte."

„Und? Sag bloß, die hast du wieder?"

„Ja. Ich habe sie wiederbekommen. Jemand hat sie bei dem Pförtner unserer Firma abgegeben, und etwa vierzehn Tage, nachdem ich sie verloren hatte, lag sie auf meinem Schreibtisch."

Wir sind sehr beeindruckt. „Und hast du dem Finder was gegeben?" will ich wissen.

„Ging nicht. Er hat seinen Namen nicht hinterlassen. Ich weiß bis heute nicht, wer der Finder ist."

„Na, dann mal ein Prost auf den Finder," sagt Alan und erhebt sein Glas. Alle ziehen mit, denn wir sind uns auch unausgesprochen einig: Das war kein Ausländer, das war ein Koreaner. Die Balance ist wieder hergestellt. In diesem Land kann man es aushalten.

박선생님 Dr. Bak

Die Spritzen lassen spürbar nach. Dr. Bak, manche schreiben auch Dr. Park, egal, hat mir zwar Tabletten verschrieben, aber das müssen Placebos sein. Sie helfen nicht, ich sterbe gleich.

Dieser Mensch hat in München einige Jahre an der Uni bei irgendeinem Professor gearbeitet und dafür eine Bestätigung erhalten, die er ganz groß in seiner wirklich bemerkenswerten Praxis aufgehängt hat. Dr. Bak ist ein ruhiger, freundlicher Mann in den späten Vierzigern. Alle Deutschen in Daejeon lassen sich nur von ihm behandeln. Nicht nur aus dem Grund, daß er leidlich Deutsch spricht, sondern vor allem wegen der Qualität seiner Behandlung.

Wenn man es geschafft hat, das Hochhaus zu finden, in dem er praktiziert, hat man noch lange keinen Parkplatz. Und dann noch lange keinen Fahrstuhl. Heute gingen nur die ungeraden Zahlen: Der rechte Fahrstuhl hielt in der Parterre, im dritten Stock, im fünften, im siebten, im neunten, im elften, im dreizehnten. Ich stand in Basement vier. Da kam gar kein Fahrstuhl. Ich mußte laufen, bis in den achten Stock. Bestimmt gab es da auch einen Trick, aber der wurde nur auf Koreanisch verraten, wenn überhaupt.

Ich war trotzdem pünktlich, hätte es aber nicht zu sein brauchen, denn das Wartezimmer war gerüttelt voll. Irgendwo schrie jemand entsetzlich. Mozart und leises Vogelgezwitscher sorgten für Entspannung. Da meine Behandlung mehrere Sitzungen erforderte und viele Stunden dauerte, kannte ich am Schluß das ganze Repertoire von Richard Claydermann, Vivaldi und der Vögel Koreas. Aber ich will nicht vorgreifen.

Ich kam schnell dran, denn ich hatte einen Termin, aber zuvor mußte ich die Anzahlung auf den Tresen blättern: zweikommavier Millionen Won, also etwa viertausend Mark. Das sind rund vier Zentimeter Geld, weil die höchste koreanische Banknote zehntausend Won wert ist.

Die ausgesprochen adrette Koreanerin zählte nach. Das dauerte. Und dann wollte ich eine Quittung, was sie nicht verstand. Das dauerte noch mal. Dr. Bak persönlich mußte kommen und übersetzen. Und dann kam ich wirklich dran.

Ich wurde zu einem der nebeneinander in einem Raum stehenden Behandlungsstühle geführt, alle waren besetzt, bis auf meinen natürlich. Die Person, die vorhin so geschrien hatte, war sicherlich schon in einem Sarg durch einen Nebenausgang entsorgt worden.

Los ging's.

Dr. Bak jagte mir mehrere Spritzen in den Oberkiefer, vorne und in den Gaumen. Ich konnte mein Stöhnen soweit drosseln, daß ich meinte, mich vor den attraktiven Helferinnen nicht allzu sehr blamiert zu haben. Außerdem waren da noch die anderen Patienten, die keinen Mucks von sich gaben und wie tot dalagen. Aber bestimmt achteten sie darauf, was für ein Weichei dieser Ausländer war und blinzelten zu mir herüber, wenn ich es nicht sah.

Meine Spritzen benötigten Zeit, um ihre volle Wirkung zu entfalten, und Dr. Bak konnte sich um seine anderen Patienten kümmern, was er auch tat, indem er von Patient zu Patient eilte wie ein Simultanschachspieler. Hin und wieder schauten die diversen Sprechstundenhilfen nach mir, knipsten das Licht an und aus, füllten Wasser nach, schwenkten meinen Sitz nach hinten und taten, was dergleichen Handgriffe und Fußtritte so sind. Am Schluß war ich Meister in der Bedienung meines Stuhles. Ich nahm den Sprechstundenhilfen zunehmend die Arbeit ab, stand zwischendrin auf und kümmerte mich um die optimale Einstellung der Stühle bei den übrigen Patienten.

Dr. Bak hatte aber auch mich im Griff. Als er mir oben zwei Zähne zog, hielt mir eine der Schwestern den Kopf fest. Ich war über die Kraft erstaunt, mit der sie meine Schläfen schraubstockartig in der richtigen Lage hielt, als Dr. Bak mir die Knochen aus dem Eßraum holte. Verzugslos setzte er dann seinen Winkelschleifer an und schliff mir alte, völlig wertlose Kronen runter.

Irgendwann war er mit den Abbrucharbeiten fertig. Er hatte gründlich aufgeräumt, die Baugrube war besichtigungsreif. Miss Korea hielt mir einen Spiegel vor: Dracula wäre neidisch geworden.

Ich lallte nur: „Dracu'a!"

Dr. Bak lachte.

Inzwischen war es achtzehn Uhr geworden, Dr. Bak hatte sich seinen Feierabend redlich verdient. Ich blieb da, allein mit Miss Korea 1, Miss Korea 2 und Miss Korea 3. Es hätte eine so nette Party werden können, zumal auch die anderen Patienten gegangen waren, aber die Damen waren zu beschäftigt. Sie flitzten zwischen zahntechnischen Maschinen und mir hin und her und vollendeten die Architektur, die Dr. Bak entworfen hatte. Provisorisch.

Nächster Termin: Dienstag kommender Woche. Geld mitbringen.

Und nun lassen die Spritzen wirklich nach.

반감기 Halbwertszeit

Nirgendwo, außer vielleicht in Indien, habe ich derartigen Aufwand gesehen, der um Hochzeiten gemacht wird, wie in Korea. Dem Neuankömmling fallen riesige Werbeplakate auf, die strahlende Paare im Hochzeitslook zeigen und die sich nicht nur über sich selbst freuen, sondern auch über den neuen Hyundai von Papa, über einen Lottogewinn oder über die Zahnpasta *Djugjong* mit Bambus-Salz. Etwas später registriert man auch imposante Gebäudekomplexe, in denen nichts anderes stattfindet als Hochzeitszeremonien mit anschließenden Balli-Balli-Völlereien. Und man lernt die Hochzeitsinsel Cheju im Süden kennen, das Ziel für Flitterwöchner und Flitterwöchnerinnen, die in stündlichem Rhythmus mit proper ausgelasteten Airbussen eingeflogen werden, wobei es interessant ist, die Paare an der Gepäckausgabe zu beobachten. Hier sollte man einen Totoschein dabei haben und ihn vom Schicksal ausfüllen lassen: 1 für „Bräutigam erkennbar betrunken", 2 für „Braut erkennbar betrunken", 0 für „beide sturzbetrunken".

In meiner Abteilung habe ich eine Menge Junggesellen, und in der Firma gibt es einige hochattraktive junge Damen, die sich mit Wasserdiät eine Traumfigur angehungert haben, so daß sie nach der Hochzeit erst für einige Wochen stationär per Infusionslösung reanimiert werden müssen, ernährungsmäßig, aber erstaunlicherweise kommt es nur selten vor, daß diese Menschen zueinander finden: Ihr Horoskop paßt nämlich nicht.

Trotzdem bekomme ich etwa alle zwei Monate eine Einladung zu einer Hochzeit. Selbstverständlich hatten die Kandidaten und Kandidatinnen völlige Entscheidungsfreiheit bei der Partnerwahl und konnten die Vorschläge von Mama oder Papa oder Onkel oder Freund und so weiter ablehnen, aber nicht auf Dauer. Ledig über dreißig ist so intolerabel wie studieren über dreißig. Irgendwann schnappt die Falle also zu, das Traumpaar steht fest. Der *point of no return* ist überschritten. Ab jetzt haben sich die zwei zu lieben, und wenn sie es noch nicht so richtig tun, dann ab nach Cheju, siehe oben.

Die Termine wurden nie mit mir abgestimmt, sondern dem Hörensagen nach immer mit irgendeinem ominösen Astrologen, der den Eltern auf der Basis von Mondkalender, dem Stand der Gestirne und teurer Berechnungen sagt, wann das Paar heiraten sollte. Wenn diese Termine zu kurzfristig mitgeteilt werden oder gar überlappend liegen, so daß ich nicht teilnehmen kann, wird es akzeptiert, daß ich mich freikaufe. Fünfzigtausend Won sind für einen Direktor angemessen. Die Teilnahme an der Hochzeit kostet ebenfalls fünfzigtausend Won, die von einem eigens aufgebauten Inkasso-Büro mit Zweimannbesetzung beim Betreten der Wedding-Räumlichkeiten eingesammelt werden, aber ich bekomme dann wenigstens eine Balli-Balli-Suppe, siehe „Uhdong", die ich wirklich schnell essen muß, denn die nächste Hochzeitsgesellschaft hat schon die Schuhe ausgezogen und steht in Strümpfen ungeduldig neben uns. Die Leute wollen sich setzen, verständlich.

Eine Hochzeit ist also nicht nur ein erfreulicher *event*, der zwei Herzen zueinander führt und ihnen die Lüste der Horizontalen erlaubt, sondern auch eine kräftige Finanzspritze für beide Familien. Wohl dem, der mehrere Kinder erfolgreich verheiraten kann – der Lebensabend ist gesichert. Ich las in der Zeitung, daß Politiker gigantische Einnahmen haben, denn die Wähler werden alle zur Hochzeit eingeladen, und alle bezahlen.

Die Rollenverteilung nach der Hochzeit ist klar und nicht verhandelbar: Der Mann verdient den Lebensunterhalt, die Frau widmet sich ganz dem Zuwachs. Es findet ein Auseinanderdriften der Bildung statt, denn der Mann lernt am Arbeitsplatz laufend dazu, die Frau vergißt am Wickeltisch oder beim Töpfern oder beim Batiken immer mehr. Sie kann trotzdem Macht ausüben durch körperliche Verweigerung und Kontrolle über das Konto. Im Prinzip bleibt das so bis zum Lebensende. Aber sie kommt aus Korea nie heraus, während der Mann schon mal nach Japan, China oder gar in die USA oder nach Deutschland geschickt wird.

Vor diesem Hintergrund wundert es nicht, daß der koreanische Mann nichts, die koreanische Frau alles ändern will. Eine der Möglichkeiten, die eine Koreanerin hat, dem vorgezeichneten Frust zu entgehen, ist die Heirat mit einem Ausländer, vorzugsweise natürlich mit einem Nicht-Macho, also einem Deutschen. Diese Spezies ist durch jahrzehntelange Gehirnwäsche in Medien, Selbsterfahrungsgruppen und Therapien so leicht manipulierbar wie unterkühlte Maikäfer. Das hat sich in Korea herumgesprochen, und daher gibt es bereits aussagekräftige Statistiken, die belegen, daß die Hälfte aller deutschen Singles durchschnittlich nach zwei Jahren eine koreanische Freundin haben und diese auch heiraten werden – dafür wird sie schon sorgen. Die Halbwertszeit beträgt also etwa zwei Jahre.

Aus der Perspektive des deutschen Singles, also des Opfers, sieht die Sache zunächst mal nicht schlecht aus: Ist es nicht attraktiv, eine Frau neben sich zu fühlen, die gewohnt ist, die Wünsche des Wundermannes von den Lippen abzulesen? Ist es nicht kribbelnd, in der Firma anzurufen und Unpäßlichkeit zu vermelden, während dieses koreanische Maikäferchen einem mit der Rechten die Erdbeeren zärtlich in den Mund schiebt und mit der Linken die Männlichkeit massiert? Ist es nicht verlockend, die Phase der Machtkämpfe a priori als gewonnen betrachten zu können, weil ihr postnatal vom ersten bis zum gegenwärtigen Lebensjahr auf Schritt und Tritt eingebleut wurde, der Mann gehe und stehe und liege zu recht vor beziehungsweise über ihr?

Die Antworten können nur lauten: ja, ja, ja!

Andererseits – eine gute Bekannte, Koreanerin, die es seit mehreren Jahrzehnten wissen muß, sagte mir kürzlich: „Ich denke, wenn eine Koreanerin einen Deutschen heiratet und in Deutschland lebt, wird die Beziehung zerbrechen, wenn die Frau den ganzen Tag nur darauf warten muß, daß der Mann nach Hause kommt."

Wie weise!

Ein Kollege von mir ist in höchster Gefahr, dem Gesetz der Halbwertszeit zu erliegen und seinem mandeläugigen Maikäferchen alle Erdbeerfelder der oberrheinischen Tiefebene zu schenken. Na ja, vielleicht auch nur zu zeigen.

Wie auch immer – wir können dennoch gelassen bleiben: Bei Licht betrachtet besagt das Gesetz nämlich, daß die andere Hälfte der Singles standhaft bleiben wird. Wie ich zum Beispiel. Ich glaube nicht an Horoskope, und außerdem habe ich eine Erdbeerallergie.

깅 씨 아줌마 Oma Kim

Für eine Rolle *Pringles* der Geschmacksrichtung *Hot & Spicy* gehe ich fast über Leichen. Eben hatte ich den letzten Krümel dieser fettigen, ungesunden, völlig vitaminlosen und dickmachenden Chips gegessen. Ich brauchte unbedingt Nachschub.

Wo bekommt man abends gegen 22 Uhr noch *Pringles*? Klar, bei Oma Kim. Sie hat ihren Laden in einem Seitenweg der 51. Straße, gleich unterhalb des Lotte-Hotels. Das Parken ist dort ein wenig umständlich, wenn man kein Anwohner ist. Ich mußte mein Auto notgedrungen vor dem Eingang direkt im Parkverbot abstellen und den Polizisten überzeugen, daß ich nur eine Minute, nur eine einzige, dort stehen bleiben würde.

Ich betrat Oma Kims Laden: *„Anjonghasejo!"*

„Anjonghasejo!" antwortete sie lächelnd und blickte nur kurz zu mir, dann wieder zu der Soap im Fernseher.

„Pringles Hot & Spicy issojo?"

Sie blickte unverwandt in den Fernseher und sagte lächelnd: *„Obsojo"*. Dabei hielt sie ihren Kopf schief auf die linke Schulter gedrückt und murmelte Unverständliches in ihre dicke Wolljacke, meiomei, wir hatten doch 26 Grad. Das *„Obsojo"* glaubte ich ihr nicht, denn Oma Kim hat einfach alles, was man für das tägliche Leben braucht. *Pringles* gehören zu den *essentials*. Ich ging also auf die Pirsch durch ihren Laden. Marmeladen, Kekse, Waschmittel, Müllsäcke, Batterien, Süßigkeiten, Seifen, Lippenstifte, Pringles, Druckerpapier, Kugelschreiber ...

Ha! *Pringles*! Da waren sie doch! Aber nur in der Geschmacksrichtung *Original*, die schmecken allenfalls in äußerster Not. Ich begann, das Regal abzusuchen – nichts. Ich war absolut sicher, daß Oma Kim irgendwo auch die *Hot & Spicy* hatte. Erst räumte ich die linke Regalhälfte leer, dann die rechte, und schließlich wurde ich fündig: Da, direkt neben dem Eingang, frisch angeliefert, ein ganzer Karton.

Ich rief triumphierend „*Issojo!*" zu Oma Kim, die sich widerwillig von ihrem Fernseher losriß und, weiterhin in ihre Schulter murmelnd, ihren Platz an der Kasse verließ und um die Theke herumkam. Sie ging ächzend in die Knie, ständig in ihre Jacke murmelnd, und schlitzte den Karton mit einem Teppichmesser rundherum auf. Dann wollte sie den Deckel abheben, aber das ging nur, nachdem sie ihn mit beiden Händen anhob und schüttelte. Dabei vergaß sie, den Kopf auf die Schulter zu klemmen – und das Handy fiel herunter.

Oma Kim schaute mich an wie ein waidwundes Nilpferd, aber ich hatte kein Erbarmen. *Hot & Spicy*, eine Rolle, und Eier wollte ich auch noch. Wir erhoben uns, ich malte ein wunderschönes Oval in die Luft, aber Oma Kim verstand nicht. Ich machte „gack gack gaaaak," wedelte mit angewinkelten Armen. Oma Kim verstand rein gar nichts. Nun griff ich einen Kuli und ein Stück Einwickelpapier und malte ein perfektes Ei. Mit Huhn darüber und Schatten und einem Korn zum Picken. Dann deutete ich auf das Ei: „*Issojo?*"

Ich sah, wie sich in Oma Kims Gehirn ein seltenes Aha-Erlebnis breit machte. Es muß für sie vermutlich ein geistiger Höhepunkt gewesen sein, denn sie begann zu strahlen, dann zu glucksen, dann zu wippen, dann lauthals zu lachen.

Ihr Handy fiel wieder herunter, und ich begriff plötzlich, was sie ihrer Freundin sagte: „Weißt du, was dieser Togil eben gemacht hat? Er hat ein Ei in die Luft gemalt. Ich denke, er will einen Verhüterli oder Vaseline, Bruhahaha, aber Pustekuchen, er wollte nur Eier, ist das nicht zum Brüllen?" Und sie tippte prustend den Betrag in die Kasse. Ich zahlte beleidigt, und den empörten Polizisten, der mit seinem Zeigefinger auf seiner Uhr zwanzig Minuten andeutete, beschied ich mit einem „Väterchen, geh nach Hause, lerne Englisch, dann kommen wir ins Geschäft".*

Hot & Spicy. Die machen süchtig.

---

* Eine derart unverschämte Bemerkung kann man sich in Korea nur unter zwei Bedingungen erlauben: erstens, man ist Ausländer, möglichst Deutscher, zweitens, das Gegenüber versteht kein Wort Deutsch. Da diese Bedingungen in aller Regel erfüllt sind, ist es nicht sonderlich mutig, unverschämt zu sein. Und eben aus diesem Grund bin ich nur äußerst selten unverschämt, eigentlich nie. Um es auf den Punkt zu bringen: meine Bemerkung zu dem Polizisten ist nicht wahr. Aber doch irgendwie passend, finde ich.

올리브에서 In der Olive 2

Ohne Mr. K.T. Kim aus der Personalabteilung wäre ich vollkommen hilflos gewesen, als das Summen des Fahrstuhls etwa zwischen dem fünfzehnten und vierzehnten Stock des Wohnblocks plötzlich in den Stimmbruch kam, ein bis zwei Oktaven tiefer rutschte und dann verstummte. Gleichzeitig ging das Licht aus, und ich war mit Mr. Kim allein in der Dunkelheit und koreanischen Morgenstille.

„Oh shit," sagte Mr. Kim.

Ich dachte nach: Wie groß war die Kabine? Wieviel Luft hatten wir? Wieviel Zeit?

Als ich mit meiner Schätzung zu dem Schluß gekommen war, daß wir in höchstens einer Stunde ersticken würden, schrie er „*Dowa dschusejo!*". Wie sinnig! Wenn ich allein gewesen wäre, hätte ich nur „Help!" oder „Hiiielfe!" oder „Annonghasejo!" oder „Kamsa'mnida!" schreien können. Ich half ihm: „*Dowa dschusejo!*"

Es blieb still und dunkel. Mr. Kim stank nach Rauch, aber zum Glück kam er nicht auf die Idee, sich jetzt eine Zigarette anzustecken. Statt dessen zog er ein Feuerzeug aus der Tasche und beleuchtete die rein koreanisch beschriftete Schalttafel. Dann drückte er einen Knopf, und wunderbarerweise begann der Fahrstuhl, ganz ohne Strom, sachte nach unten zu sinken. Es dauerte geraume Zeit, ehe wir nach vielen *Dowa-dschusejos* im Keller ankamen. Ein kurzer Ruck, dann standen wir.

Mr. Kim beleuchtete noch mehrmals die Schalttafel, aber auch heftiges Pumpen auf den Alarmknopf nützte nichts – es blieb still. Nun aber sah ich durch einen dünnen Spalt zwischen den Schiebetüren etwas Licht. Ich legte meine Finger in die Ritze und drückte die beiden Türen langsam auseinander. Bergsteiger und Extremkletterer hätten das nicht besser gekonnt.

Die Tür gab widerwillig nach. Wenig später waren wir frei. Mr. K.T. Kim stieß glucksende Laute aus, Freudentränen liefen ihm über das Gesicht. Er mußte mehr gelitten haben, als er sich im Fahrstuhl hatte anmerken lassen.

„Und seitdem," beendete ich diese Geschichte am Stammtisch in der Olive, „habe ich am Schlüsselbund immer diese kleine Taschenlampe." Ich schwenkte die Mini-Mag, so daß sie jeder sehen konnte. Die Bedienung stellte frische Schüsseln voller Popkorn auf die Tische.

„Trotzdem," meinte Peter, „trotzdem würde ich jedem raten, besser in einem Hochhaus zu wohnen. Die meisten Klagen kommen doch von Leuten, die in einem Einfamilienhaus wohnen."

„Wieso?" wollte Alan wissen. „Mit Kußhand würde ich in ein Einfamilienhaus ziehen anstatt in so einen schrecklichen Plattenbau."

„Ich weiß nicht, wieso," sagte Peter, „aber Koreaner zerwohnen Einfamilienhäuser herunter bis zum Schweinestall. Es ist unglaublich, in welchem Zustand die Häuser manchmal sind. Da wird nichts, absolut null zur Erhaltung getan, bis es zu spät ist und dann riesige Reparaturen notwendig werden."

„Also, ich kann das so nicht bestätigen," meldete ich mich wieder zu Wort, „nur einmal ist es mir passiert, daß mir ein dünner Wasserstrahl entgegenkam, als ich morgens ins Bad ging. Alles stand unter Wasser. Zum Glück hat mein Bad einen Abfluß. Der Wasserhahn war gerissen. Aber das eigentliche Problem war, einen neuen, passenden Wasserhahn zu finden."

„Kann ich mir denken," sagte Alan. „Wie hast du das gemacht?"

„Ich fuhr einfach los und suchte eine Gegend mit vielen Handwerkergeschäften. Sintanjin wimmelt ja davon. Und da es mir zu umständlich war, im Wörterbuch nach ‚Spengler' zu suchen und dann zu hoffen, daß ich vielleicht ein Schild mit dem Wort ‚Spengler' entdecken würde, ging ich einfach in das nächstbeste Geschäft hinein. Es war ein Malergeschäft."

„Und dann?"

„Der Obermeister war mit ein paar Freunden mitten im Kartenspiel. Aber als er mich sah, schmiß er die Karten hin, kam zu mir und fragte, was ich wolle. Ich zeigte ihm den Wasserhahn mit dem Riß."

„Und dann?"

„Dann gab er mir eine Tube Silikonpaste zum Abdichten."

Die Runde lächelte müde, denn jeder wußte, daß in Korea fast alles mit Silikon repariert wird. Der Witz war einfach zu alt. Ich mußte ein paar frische Kohlen nachlegen.

„Nachdem ich ihm begreiflich gemacht hatte, daß ich weder Silikon noch Farbe wollte, sondern einen Spengler suchte, sagte er seinen Freunden, er käme gleich wieder. Dann packte er mich an der Hand und ging mit mir hinaus, die Straße hinunter und um zwei Ecken. Vor einem chaotischen Laden mit Muffen, Rohren, Schläuchen, Hanf und sonstigem Kleinkram, das dieses Gewerbe zu verarbeiten und zu verkaufen pflegt, machte er Halt und zog mich hinein. Aus den Tiefen der Räumlichkeiten schlurfte eine Frau heran. Sie sah so aus wie das, was sie verkaufte: Grau, gekrümmt, lustlos. Ich legte meinen defekten Wasserhahn auf den Tisch."

„Und dann sagte sie *obsojo*."

„Von wegen. Sie griff hinter sich, ohne hinzuschauen, und legte emotionslos einen Zwilling auf die Theke. Viertausend Won wollte sie haben, ein geradezu lachhaft niedriger Preis.

Ich hätte ihr widerspruchslos das Fünffache bezahlt. Der Wasserhahn sah meinem derart ähnlich, daß ich nach dem Riß suchte."

Die Runde lächelte wieder nur müde, denn ich hatte zu dick aufgetragen. Das wurde sofort durchschaut. Natürlich hatte ich nicht nach dem Riß gesucht. Meine Geschichte dauerte nun schon zu lange. Die anderen hatten ja auch noch etwas zu erzählen. Ich mußte also zum Ende kommen.

„Nachdem ich bezahlt hatte, faßte mich der Malermeister wieder an der Hand und führte mich zurück in sein Geschäft. Und dort reichte er mir einen Pappbecher mit Kaffee. Wir tranken zusammen und zeigten uns gegenseitig Fotos von unseren Familien, Frauen und Kindern. Wir waren ungefähr gleich alt. Wir hatten offenbar vergleichbare Lebenserfahrung. Wir schlossen für eine Stunde tiefe Freundschaft. Seine Kartenbrüder mußten warten."

Jetzt endlich war die Runde beeindruckt. Eine Stunde richtige Freundschaft mit einem Ur-Koreaner – das war wirklich bemerkenswert.

„Hm," meinte Peter. „Ich habe diesen Malermeister später nie auf deinen Parties gesehen. Warum hast du diese Freundschaft nicht gepflegt?"

„Das habe ich mich auch gefragt und mir selbst auch vorgeworfen. Ich meine, er hätte sich zwischen all den anderen Gästen aus Korea, Rußland, Kanada, Südafrika, Deutschland und so weiter nicht wohlgefühlt."

„Stimmt, aber du hättest ihn doch mal wieder besuchen können?"

„Ja, das werde ich tun. Vielleicht erkennt er mich gar nicht mehr. Aber du hast recht: Ich sollte ihn besuchen."

Die Bedienung brachte eine neue Portion Popkorn. Der Tisch, die Sessel und der Boden waren von den Krümeln schon so weiß, als ob es geschneit hätte. Der Katalysator für

Erkenntnisse ist nicht immer platinbeschichtet – manchmal reicht die Mischung aus einer Stammkneipe, der *Olive* zum Beispiel, viel Popkorn, guten Zuhörern und einer attraktiven Bedienung.

Wenn Sie sich für

Korea und koreanische Literatur

interessieren ...

... dann finden Sie in unserem Programm
eine große Auswahl an

–   modernen Romanen,
–   Lyrik und
–   Theaterstücken

bedeutender zeitgenössischer koreanischer Autoren
in hervorragenden Übersetzungen.

Bitte fordern Sie einen Prospekt an
oder informieren Sie sich im Internet!

Edition Peperkorn

Hauptstr. 45, D-26427 Thunum / Ostfriesland
Fax 04971-9187084   www.peperkorn.de